危機の時代の国際政治

藤原帰一東大教授

守護霊インタビュー

大川隆法

Ryuho Okawa

本霊言は、2014年3月26日、幸福の科学総合本部にて、
質問者との対話形式で公開収録された（写真上・下）。

まえがき

東大の現職教授の守護霊インタビューはこれが初めてである。藤原帰一教授にしてはよく語ってくれたほうで、たてまえ上の左翼スタンスを維持しつつも、本心では、保守の意識も持っておられる様子が見てとれる。

昨日（四月十五日）の朝日新聞の夕刊にも月一回の論稿を載せておられたが、ロシアのナショナリズムの復権と、ＥＵの自由主義・議会制民主主義の圧力の間《はざま》で、ウクライナは混乱しているが、「プラグマティック」な解決が望ましい、的な主張で終わっていた。ウクライナがＥＵにつくと緊縮財政を迫られて、融資を受けるには失業者が増大することや、ロシアが経済的には、無条件でウクライナ経済を救おうとしていることには触れておられなかった。「ウクライナ問題」はイデオロギーによる「冷戦」ではなく、「経済的救済力競争」なのである。
国際政治は今、危機の時代にある。バランス・オブ・パワーによる平和論もよいが、「地球的正義とは何か」も考えなくてはなるまい。

二〇一四年　四月十六日

幸福《こうふく》の科学《かがく》グループ創始者兼総裁《そうししゃけんそうさい》　大川隆法《おおかわりゅうほう》

危機の時代の国際政治　目次

危機の時代の国際政治

――藤原帰一《ふじわらきいち》 東大教授 守護霊《しゅごれい》インタビュー――

二〇一四年三月二十六日　収録
東京都・幸福の科学総合本部にて

「霊言現象《れいげん》」とは、あの世の霊存在の言葉を語り下ろす現象のことをいう。これは高度な悟《さと》りを開いた者に特有のものであり、「霊媒現象《れいばい》」（トランス状態になって意識を失い、霊が一方的にしゃべる現象）とは異なる。外国人霊の霊言の場合には、霊言現象を行う者の言語中枢《ちゅうすう》から、必要な言葉を選び出し、日本語で語ることも可能である。

また、人間の魂《たましい》は原則として六人のグループからなり、あの世に残っている「魂の兄弟」の一人が守護霊《しゅごれい》を務めている。つまり、守護霊は、実は自分自身の魂の一部である。したがって、「守護霊の霊言」とは、いわば本人の潜在《せんざい》意識にアクセスしたものであり、その内容は、その人が潜在意識で考えていること（本心）と考えてよい。

なお、「霊言」は、あくまでも霊人の意見であり、幸福の科学グループとしての見解と矛盾《むじゅん》する内容を含《ふく》む場合がある点、付記しておきたい。

危機の時代の国際政治

――藤《ふじ》原《わら》帰《き》一《いち》　東大教授　守《しゅ》護《ご》霊《れい》インタビュー――

二〇一四年三月二十六日　収録

東京都・幸福の科学総合本部にて

藤原帰一《ふじわらきいち》（一九五六〜）

国際政治学者、東京大学大学院法学政治学研究科教授。東京都出身。父の勤務地の関係で幼少期をニューヨーク近郊《きんこう》で過ごす。麻布《あざぶ》高校、東京大学法学部（坂本義和《さかもとよしかず》ゼミに所属）、同大学大学院で学び（博士課程単位取得中退）、その間《かん》、イェール大学大学院に留学もした。千葉《ちば》大学法経学部助教授、東京大学社会科学研究所助教授などを経て、一九九九年、東京大学法学部教授等に就任した。雑誌・新聞への寄稿《きこう》やテレビ出演も多く、映画マニアでもある。

質問者　※質問順

綾織次郎《あやおりじろう》（幸福の科学上級理事 兼《けん》「ザ・リバティ」編集長 兼 幸福の科学大学※講師）

小林早賢《こばやしそうけん》（幸福の科学広報・危機管理担当副理事長 兼 幸福の科学大学名誉顧問《めいよこもん》）

立木秀学《ついきしゅうがく》（幸福の科学理事 兼 HS政経塾《せいけいじゅく》塾長 兼 幸福の科学大学講師）

［役職は収録時点のもの］

※幸福の科学大学（仮称）は、2015年開学に向けて設置認可申請中につき、大学の役職については就任予定のものです。

1　東大法学部の〝看板〟藤原《ふじわら》教授守護霊《しゅごれい》に訊《き》く

坂本義和《さかもとよしかず》ゼミで「国際政治」を学んだ藤原帰一《ふじわらきいち》氏

大川隆法　今日（二〇一四年三月二十六日）の日本経済新聞には、『「忍耐《にんたい》の時代」の外交戦略　チャーチルの霊言《れいげん》』（幸福の科学出版刊）の広告が出ていました。外国の人のご意見を今の国際政治の判断材料に使うのも一つかと思いますが、日本人からも、多少、意見が出てもよいのではないかと思います。

今の国際政治の動きのなかで、結論を出したり判断したりすることは、勇気も要《い》るし、見識もなくてはいけないため、とても難しいことだろうと思います。

そこで、東大の法学部の教授では、今、〝看板教授〟になっていると思われる、藤《ふじ》原帰一《わらきいち》さんの守護霊《しゅごれい》インタビューを行《おこな》ってみようと思います。

東大の元教授やその守護霊の霊言を数多く収録されて、迷惑《めいわく》しているかもしれないとは思うのですが（注。坂本義和《さかもとよしかず》、佐藤誠三郎《さとうせいざぶろう》、芦部信喜《あしべのぶよし》、篠原一《しのはらはじめ》、藤木英雄《ふじきひでお》の各氏やその守護霊の霊言が収録されている。『従軍慰安婦《じゅうぐんいあんふ》問題と南京大虐殺《ナンキンだいぎゃくさつ》は本当か？』（幸福の科学出版刊）、『スピリチュアル政治学要論』（幸福の科学出版刊）、『憲法改正への異次元発想』（幸福実現党刊）、『篠原一東大名誉《めいよ》教授「市民の政治学」その後』（幸福実現党刊）、『「特定秘密保護法」をどう考えるべきか』（幸福の科学出版刊）参照）、今回も東大です。

藤原さんは、麻布《あざぶ》高校を出られ、東大法学部の政治学科に進まれました。

私の所属は篠原一ゼミだったのですが、この方は坂本義和ゼミのほうでした。当時の東大には「国際政治」で二人の〝看板教授〟がいたのですが、この方は坂本さんのほうに行かれました。

そして、大学院へ行ったあと、東大の社会科学研究所、社研《しゃけん》の助手になられ、千葉《ちば》大で少し先生をされたのち、社会科学研究所の助教授に戻《もど》されました。やがて、そこの教授と法学部の教授を兼《か》ねることになり、今は「大学院」と「法学部」の両方を兼ねている状態かと思います。

テレビや新聞にもよく出てくるので、東大では「看板的な人」なのではないでしょうか。

この方の講座は、日本を代表する大学の授業として、文系の部で公開されたこともあるとのことです（注。東京大学は、世界のトップクラスの大学が無料で公開する大規模オンライン講座のサービスに参加し、理系と文系の二講座を二〇一三年に開講。藤原帰一氏は、「戦争と平和の条件」という文系の講座を担当した）。

現在の問題への発言を嫌《いや》がる東大教授たち

大川隆法　藤原さんは、〝色彩的《しきさい》〟には、やや左翼《さよく》に傾《かたむ》いていることは否《いな》めないかと思います。先般《せんぱん》、当会が批判し、その後《ご》、韓国《かんこく》に行って大学教授になった、朝日新聞の元主筆（若宮啓文《わかみやよしぶみ》氏。『朝日新聞はまだ反日か』〔幸福の科学出版刊〕参照）がいらっしゃいますが、この人あたりが引いてくるような流れにあるでしょう。

ただ、坂本義和教授のころに比べれば、時代がかなり流動化しているので、あのときと同じほど理論的に国際政治を〝斬《き》る〟のは、なかなか難しいのではないかと思うのです。

藤原さんが書いたものを見ても、ほとんど評論ないしはエッセイの〝類似品《るいじひん》〟のようなものが多く、たいへん申し訳ないのですが、私が見ると、もはや学問と言えるかどうか分からないぐらいです。私が年を取ったせいかもしれないので、こう言ってはいけないかとも思いますが、昔の教授はもう少し理論的なことを言っていたような気がするのです。

現在進行形のことについては、あまりはっきりしたことは言えないし、予測もできないので、藤原さんは、評論などでも、「どのように転んでも、結論的には行ける」と感じられる書き方を、よくしているように思います。まあこれは、新聞にもそういうところはあるのですが。

それでも、藤原さんは、〝現代〟の政治について発言しているだけでも、偉《えら》いと言えば偉いのかもしれません。

東大の先生たちは、だいたい、「現在の問題」について発言することを嫌《いや》がります。責任が生じることはしたくないので、だいたい、みな逃《に》げるのです。

今（二〇一四年三月）は年度末で、「消費税上げ」がもうすぐ（四月一日から）始まります。こういうときには、東大の経済学部の教授に、ぜひともご高見《こうけん》を賜《たまわ》りたいと思うのですが、まず出てきません。

「旧《ふる》くなり、過去のものになって、もはや動かせないものについては論評できても、現在進行形のものについては、意見を言って外れたら、あとで大恥《おおはじ》をかくので言わない」というのが、基本的な〝東大流〟ですし、私学でも、いつクビになってもいいような人がよく意見を言います。

基本的には、「定年まで戦力を温存する」ということを考えていると思います。

その意味で、藤原さんは、よく出ているほうではないでしょうか。

「藤原氏守護霊の意見」と「当会の意見」とをすり合わせたい

大川隆法　現時点の藤原さんの顔を見ても、よく分からないのですが、これを若くして線を細くしたら、大学時代に見たことがあるような気もしないわけではありません。ただ、あまり個人的なコメントは控《ひか》えたいと思います。

この方は麻布高校出身なので、いろいろと面白《おもしろ》いことも考えたり、多様な考え方を、ある程度、受け入れる人かもしれないとは思います。

現在、社会科学研究所で私の元クラスメイトが教授をしており、法学部でも教えています。彼を通じて、藤原さんにもそうとう情報は入っていると思うので、今回、少しやりにくいことはやりにくいのです。

また、うち（大川家）の三男が調べたら、広報局からだろうと思いますが、「当会からの献本《けんぽん》が、もう十冊以上、藤原帰一氏のところに行っている」ということなので、口のなかに本を差し込《こ》まれているような状態でしょう。国際政治に関する霊言が出たら、いつも放り込まれている感じになっているかもしれません。

藤原さんは、自分の名前がある霊言が出ると、「あれ？　私は死んだのか？」というようなことを言うかもしれません（笑）。

ただ、本人が書いたものでは、はっきりとは分からないものを、守護霊なら、もしかすると立場がはっきりする可能性もあると思います。

そういう意味では、失礼のない範囲《はんい》内で、「本音に迫《せま》りたい」と思います。

もし左翼系のバックボーンをまだ張るつもりなのだったら、国際政治に関しても、おそらく、「当会の考え」とは食い違《ちが》う部分が幾《いく》つかあると思うので、そのへんのすり合わせをしてみたいと考えています。

「言論・出版の自由」の時代なので、違った見解があること自体は悪いことではないと私は思います。その相違《そうい》点を照らし合わせて、「なぜ違うのか」ということを考えるのも一つだろうと思いますし、「どちらがより説得力があるか」ということを考えるのも一つなのではないかと思うのです。

マスコミや学者が、政権に対して批判的なスタンスを取ること自体は、一般的な意味においては正当でしょう。彼らは、そういう役割を持っているだろうと思うのです。ただ追認するだけであれば、彼らに用はないので、やや批判的に迫ること自体には、必要な部分もあるのではないかと思います。

したがって、こちらも、その程度の許容度は持って接したいと考えます。

著書を読んでもよく分からない、藤原氏の「本音《ほんね》」とは

大川隆法　当会は、宗教で「国際政治」を扱《あつか》っている〝怪《あや》しげ〟な団体なのですが（笑）、これが、どのように影響《えいきょう》を与《あた》えたり、捉《とら》えられたりしているか、存じません。東大も〝民営化〟（国立大学法人化）されたので、多少、以前よりは緩《ゆる》くなっているかもしれません。

藤原さんの著書は幾つか読みましたが、はっきり言って、頭には何も残りません。私の著書は、言っていることがよく分かるはずであり、何を言おうとしているのかが、

はっきりしていると思いますが、藤原さんの著書は、何が言いたいのか、はっきりとは分からないでしょう。

そういう意味で、新聞記事と大して変わらないと言えるかもしれません。新聞記事であっても、事実の報道の記事は分かりますが、論説系になると、よく分からず、翌日も内容を覚えている人は、ほとんどいないと思うので、そちらのほうにやや近いかもしれません。

この方の「本音《ほんね》」レベルの意見が聞きたいので、できれば、あまり用心させすぎないようにして、うまく心を開かせられたらよいと思います。

ケネディ大使（『守護霊インタビュー　駐日《ちゅうにち》アメリカ大使キャロライン・ケネディ　日米の新たな架《か》け橋』〔幸福の科学出版刊〕参照）や、NHKの「クローズアップ現代」のキャスター国谷《くにや》さん（『クローズアップ国谷裕子《ひろこ》キャスター』〔幸福の科学出版刊〕参照）のように、ある程度、警戒《けいかい》して、防衛するかもしれないし、逆にズバッと来るかもしれないし、このへんは分かりません。

当会は、霊言その他《た》で、国際政治について、いろいろと言っています。それは、学問としての国際政治学とすり合わせると、どうなのか。影響があるのか、ないのか。考え方として合っているのか、いないのか。

今の流動するいろいろな諸情勢に関して、藤原さんはどう答えるのか。

今回の霊言を藤原さん本人が読んで、「あっ、私の考えは、こうだったのか」と確認するようなことになる可能性も、なきにしもあらずです。

東京大学教授、藤原帰一氏の守護霊を招霊《しょうれい》する

大川隆法　面白いので、やってみましょうか。

（質問者たちに）お願いします。

（合掌《がっしょう》し、瞑目《めいもく》する）

それでは、本日は、東大法学部・法学政治学研究科の教授であります、藤原帰一氏の守護霊をお呼びし、幸福の科学総合本部にて、今の流動する国際政治についての、さまざまなご意見を賜りたいと思います。

また、国際政治については、幸福の科学から発信しています、いろいろな見解もありますので、それらについても、学問的な面から見て、どのように感じておられるのか、意見をすり合わせてみたいと考えています。

どうか、よろしくお願いします。

藤原帰一氏の守護霊よ。

藤原帰一氏の守護霊よ。

どうか、幸福の科学総合本部に降りたまいて、その本心を語りたまえ。

藤原帰一氏の守護霊よ。

藤原帰一氏の守護霊よ。

どうか、幸福の科学総合本部に降りたまいて、その本心を語りたまえ。

（約五秒間の沈黙《ちんもく》）

2 「本心は隠《かく》す」のが学者の論法？

いきなり、やりにくそうな藤原氏の守護霊

藤原帰一守護霊　ううーん……。まだ死んでないんだけどなあ……。

綾織　そうですね。

藤原帰一守護霊　うーん……。

綾織　今、最も活躍《かつやく》されている日本の国際政治学者ということで……。

藤原帰一守護霊　君たちの言う、「活躍」という言葉は、にわかには信じがたいものがあるんだけどねえ。

綾織　いいえ。新聞のコラムも担当されていますし、テレビにも出演されていますので、多くの方が、あなたのご意見を参考にされているかと思います。

藤原帰一守護霊　ああ、そう？　そうなの？　ふーん、そう？　ほおう。

綾織　まあ、あのー……、そうですね（苦笑）。

藤原帰一守護霊　参考にしているの？（綾織に）笑ってるじゃない？

綾織　多くの人が、そうだと思います。

藤原帰一守護霊　「多くの左寄りの無責任な人たちが参考にしている」と？

綾織　無責任とは言いません。ある意味で、真剣《しんけん》に考えていらっしゃるのではないかと思いますけれども……。

藤原帰一守護霊　まあ、今日は、そんなに挑発《ちょうはつ》はしないけどね。多少は、意見が違《ちが》う部分もあるかもしれないし、同じところもあるかもしれないので……。

綾織　はい。

藤原帰一守護霊　いや、これは困ったなあ。大川隆法さんはねえ、ちょっとなあ……。H教授の友達だから、やりにくいんだよなあ。

綾織　なるほど。

藤原帰一守護霊　ええ。社研《しゃけん》（東大社会科学研究所）の教授で法学部の講師もやってたけど、政治学の講師もした。その彼と友人だからさあ。ちょっとなあ……。あんまり恥《はじ》をかかせちゃいかんしさあ。そうかと言って、こっちが恥をかかされてもいかんしさあ。

綾織　そんなことはありませんけれども……。

藤原帰一守護霊　そのへんの兼《か》ね合いは、難しいところなんだよなあ。うーん、難しい。

大川隆法に抱《いだ》く複雑な思い

綾織　最近、総裁の書籍《しょせき》を、当会の広報局のほうから送らせていただいていますので、少し読まれているかとは思うのですけれども……。

藤原帰一守護霊　ええ。よく来ているようですねえ。ありがとうございます。給料が少ないので、ほんと助かってますわあ。

綾織　そうですか（笑）。では、ご関心はあられるということですね？

藤原帰一守護霊　ええ？　有名すぎるよ。有名すぎるよね。

私たちなんかは、大して宣伝にならないけど、「二十年の没落《ぼつらく》した歴史を持つ東大を、今、復権させなきゃいかん」と思っていて、まあ、そういうプロジェクトが、大きく動いているわけだけど、「大川隆法さんに、法学部の威信《いしん》を取り戻《もど》してもらいたい」という気持ちもあることはあるので。できたら、精神的には、協調して、復権を目指したいなとは思うておるんですが……。

綾織　なるほど。

藤原帰一守護霊　ただ、学問的な厳密性については、ある程度、「プロ」としての自覚があるから、言わなきゃいかんことも、お互《たが》い、あるかもしらんなあ。

綾織　本日は、気持ちの上では同じ立場に立ちながら、お話をしていただきたいと思います。

藤原帰一守護霊　気持ちの上ではねえ、怖《こわ》いよ、はっきり言って。

綾織　あ、そうですか（会場笑）。

藤原帰一守護霊　はっきり言って、怖いよ。だから、ここまで断定してくるでしょ？　この人（大川隆法）はね。

綾織　はい。

藤原帰一守護霊　国際政治について、ビシーッと断定してくるでしょ？　これは、はっきり言やあ、怖いわ。松坂《まつざか》みたいな剛速球《ごうそっきゅう》を投げてくるじゃない？　「打てるもんなら打ってみろ」みたいな感じで、バーンッと投げてくるじゃない？　あれは、なかなかできねえからさあ。

だから、ある意味では、うらやましいし、ある意味では、何て言うか、われわれの、この「本心を隠《かく》す作業」っていうか、要するに、「そういう論文って、いったい何なんだ」っていう感じも、若干《じゃっかん》、あるしなあ。

綾織　今日は、その「本心」のあたりをお伺《うかが》いできればと思っております。

藤原帰一守護霊　うーん……。まあ、サービスの加減によって、「本心」の加減も、さじ加減が、ちょっと違ってくるかもしらんなあ。

綾織　そのあたりも心得まして、お話をお伺いしたいと思います。

藤原帰一守護霊　いやあ、宗教法人に〝狙《ねら》われる〟とは。うーん……、まあ、しかたがないなあ。

綾織　まあ、有名税みたいなものなんです。

藤原帰一守護霊　まあ、定年も、そう遠くはないから、少々は受けなきゃいけないね。

綾織　ありがとうございます。

他人の意見を紹介《しょうかい》し、本心を隠《かく》すのが「学者の論法」？

綾織　まずは、少し緩《ゆる》やかなところから……。

藤原帰一守護霊　ああ、緩やかなところからね。はい。

綾織　ええ。今、安倍《あべ》政権は、外交問題について、非常に熱心にやられておりますので……。

藤原帰一守護霊　うーん、そうだねえ。

綾織　そのあたりについて、本心では、どのように見られているのかというところから、お伺いできればと思います。

藤原帰一守護霊　本心？　うーん。「本心」の定義は難しいなあ。本心の定義は……。

学者って、「誰《だれ》それが、こう言ってる」っていうのを紹介《しょうかい》するのが基本だから、本心となると、「私の考えでは……」ってことになるわな。これは作家の立場だね？

「誰それは、こう言ってる。外国の誰それは、こう言ってる」っていうようなことを言い、「やや、こういうふうに見られないわけではない」というあたりが、「学者の論法」だよね？

綾織　そうですね。文章を読ませていただいても、なかなか本心が見えてこなくて（笑）、たいへん苦労します。

藤原帰一守護霊　（苦笑）それはさあ……。いや、そうなんだよ。そういうふうに、本心を読まれないような文章が書けたら、法学部で、ちゃんと教授職を取れて、朝日の論壇《ろんだん》（時評《じひょう》）なんかにも書けるようになるわけで、本心を読まれるようだったら、論壇に書くわけにはいかないし、書かせるわけにいかない。

綾織　はい。

藤原帰一守護霊　まあ、こういう難しい作法《さほう》が、世の中にはあるんですよ。裁判所なんかも、そうでしょ？　本心が分からない。

要するに、ほんとは一ページで終わる結論を、延々と何十枚も書き続ける。そして、「何だか分からないけど、こうなった」ということですよね。

現代日本において、〝頭がいい〟っていうのは、そういうことなんですよね。

3　安倍《あべ》政権への「懸念《けねん》」は何か

安倍《あべ》政権発足《ほっそく》の時点から指摘《してき》する「懸念《けねん》」とは

綾織　安倍《あべ》政権については、発足《ほっそく》の時点から、「懸念《けねん》がある」とおっしゃっていましたが……。

藤原帰一守護霊　懸念はありますね。

だから、ある意味で……。まあ、あの人（安倍首相）が、剛腕《ごうわん》なら剛腕で、ガーッと引っ張っていくのも、敵がはっきりして分かりやすいし、戦いやすいからいいんだけど、剛腕っていうタイプでもないでしょ?

剛腕でもないけど、主張としては、ある程度、一つの方向を目指してはいる。一つの方向を目指しているけど、ときどき出したり引っ込《こ》めたりして、調整しながらやっていくじゃない？　あのへんには、意外に老獪《ろうかい》な部分もある。

それが、安倍さんの本心なのか、周りの参謀《さんぼう》による進言によって調整されているのか、そのへんは、ちょっと分かりかねるけどね。ただ、流れとしては、基本的に同じ方向をずっと目指しているように見える。

まあ、そういう意味で、外国から見て、明らかに好き嫌《きら》いは出るわね。

その好き嫌いが、はっきり出る政治っていうのに、ある意味で、期待する人もいるかもしれないけども、「最初から期待しない」というか……、まあ、言葉を換《か》えて言えば、「敵対する国も出てくる」ということだわね。このへんに懸念があるわねえ。

綾織　まだ、少し、ボヤッとしているのですけれども……（笑）。

藤原帰一守護霊　ええ。産経新聞みたいに、はっきり言わないんですよ（質問者の綾織は元産経新聞記者）。

綾織　（苦笑）
安倍《あべ》政権の方向性に対し、価値判断を下せるか
小林　目指している方向そのものについてのご見解は、いかがですか。
藤原帰一守護霊　目指している方向？
小林　ええ。
藤原帰一守護霊　私は、政治家じゃないから分からない。
小林　いや。安倍さんの目指している方向です。
藤原帰一守護霊　安倍さんの目指してる方向について？

小林　ええ。先生のご見解は、いかがですか。

藤原帰一守護霊　うーん、まあ、危険な領域まで踏《ふ》み込んだら、交代してもらうしかないでしょうね。だけど、それまではやるでしょうね。

小林　その「危険」の定義というのは、どのあたりにあるのでしょうか。

藤原帰一守護霊　うーん、「危険」の定義っていうのは、まあ、一つは、日本が国際的に完全に孤立《こりつ》化してしまうような場合で、先の国際連盟を脱退《だったい》しなきゃいけなくなったような、ああいうふうなかたちに持ち込まれること。要するに、外交上の戦いで敗れて、国際連盟脱退風に、国連脱退、あるいは、何らかの同盟関係から離脱《りだつ》しなきゃいけないようなところまで追い込まれるような、そういう下手な外交をやるようだったら、その前に、タオルを投げないといけないとは思う。

小林　外交は〝生き物〟ですので、そこまでもっていく組み立てと戦略によって、結論は変わってくるわけですが、そのプロセスに入る前に、すでに「懸念」という判断を、ア・プリオリ（先験的《せんけん》）にされているということなんでしょうか。

藤原帰一守護霊　懸念はいつもありますよ。誰《だれ》がやったって、懸念はありますよ、そりゃあ。

小林　それでは、「その方向自体が正しいか、正しくないか」という価値判断に関しては、いかがですか？

藤原帰一守護霊　それが言えるんなら、私は、今日からでも易者《えきしゃ》をやりますよ。「正しいかどうか」なんて、そんなの分かるわけがないので。要するに、記者会見、あるいは、政見など、そういうものの発表において、一個一個、個別に判断している。

小林　今、「正しいかどうかなど、分かるわけがない」とおっしゃったのですが、価値判断のところに関しては、「放棄《ほうき》」とは言いませんけれども、基本的に、ギブアップしているという感じでいらっしゃいますか。

藤原帰一守護霊　いや。私たちは、別に、何て言うか、批判を受ける立場にないもんでね。

彼（安倍首相）は批判を受ける立場にあるから、自分の旗色っていうか、ねえ？　政治家としては旗幟《きし》鮮明《せんめい》にしなきゃいけないところが、どうしてもあるでしょうよ。だから、それについては、やっぱり、「敵の批判が、どの程度強いか」や「味方の応援《おうえん》が、どの程度強いか」を見つつ、方向を変えながらやらなきゃいけないけども、私らは学者だから、いろいろな〝球《たま》〟を投げて、批評をしても構わないわけで……。

小林　ということは、基本的には、マスコミとスタンスが同じであるということですか。

藤原帰一守護霊　まあ、そうだね。だから、私たちも、個人としての意見は出すけども、そのあと、その意見に同調する人が増えるか、あるいは、あんまり増えずに、ほかの反対側の意見の人が増えるかを見ながら、意見の強さの程度を「調整」しているんで……。

小林　本日は、「危機の時代の国際政治」というテーマを設定させていただいたのですが……。

藤原帰一守護霊　うーん、そりゃあ、そのテーマで教科書が書けたらねえ、私は、もう超《ちょう》一流の学者になれるよ。

小林　ええ。つまり、価値判断や情勢が大きく変わってきている今のような時代においては、単に批判するのではなく、学問自体に、「新しい方向性やビジョンを出さなければいけない」、あるいは、「それを、政治家に対して示さなければいけない」という役割があるのではないでしょうか。

こういう時代の端境期《はざかいき》には、やはり、そういう時代を画するための学問を生み出すという、学者の使命があると思うのですけれども……。

藤原帰一守護霊　きついなあ。もう、早くも帰りたくなってきた。

小林　いえいえいえ。

藤原帰一守護霊　場所が悪いわあ。

小林　「価値判断は避《さ》ける」とおっしゃったので、反応してしまって、すみませんけれども……。

藤原帰一守護霊　続きは、法学部の研究室でやらないか？

小林　いえ、今日は、とりあえず……。

藤原帰一守護霊　ここじゃあ、俺《おれ》は、立場が悪いじゃないか。〝陪審員《ばいしんいん》〟が全員買収されてる。

小林　いえいえ。

藤原帰一守護霊　え？　百パーセント買収されてるんだよ。

小林　公開するかどうかは、また、別途《べっと》、ご相談しますので……。

藤原帰一守護霊　うん？　「公開霊言《れいげん》」って出るんだろう？　みんな、〝死刑《しけい》賛成派〟の人で、「藤原帰一を〝死刑〟にするかどうか」みたいな……。

綾織　〝死刑〟については、今日のテーマではありませんので……。

藤原帰一守護霊　ええ。

4 「代表的学者」が使う高等戦術とは

東アジアに対するアメリカの態度と日本の採るべき対策とは

綾織　先ほど、「日本が孤立《こりつ》の方向に向かうこと」が、いちばん問題になると……。

藤原帰一守護霊　いちばん懸念《けねん》されるのは、いちおう、そうだよねえ。

綾織　確かに、現時点では、歴史問題などがあるわけですけれども、「孤立」ということを考えた場合、東アジアのなかでは、そういう方向性が見えますが、それ以外を見ると、必ずしも、そうではありませんよね。

藤原帰一守護霊　そんなことない。アメリカが、もうすでに……。アメリカの態度を見なさいよ。あんなの初めてじゃない？

綾織　まあ、そうですね。

藤原帰一守護霊　アメリカが乗り出してきて、韓国《かんこく》と日本を仲介《ちゅうかい》して和解させようとしたり、その韓国が、中国に引っ張っていかれようとしたり……。こんなの、戦後、初めてですよ。

綾織　アメリカにも、やや反省が働いていて、まあ、（安倍《あべ》首相の靖国《やすくに》神社参拝《さんぱい》について）「失望している」と言ってしまったので、そのへんの反省はあると思います。

藤原帰一守護霊　うーん、まあ、はっきりはしないけどね。はっきりはしないけど、オバマさんの対応は、どっちかっていったら、価値中立的だよねえ。

綾織　はい、はい。

藤原帰一守護霊　日本と韓国と、どっちが正しいっていう、あれでもなければ、中国に韓国と寄られても困るようでもあるし、中国との関係も維持《いじ》したいようでもあるし、はっきりしない。まあ、茫洋《ぼうよう》としているわねえ。俺《おれ》と、そんなに変わらないよ。

小林　ええ。昔の自民党のように、足して二で割る感じで、事態の解決を図《はか》るといいますか……。

藤原帰一守護霊　そうそうそう。うーん。はっきり分からないね。

小林　今、少しその話題が出ましたので、お伺《うかが》いしたいのですが……。

（新聞記事を示しながら）こちらは、毎月一回、朝日の夕刊に書かれているコラム（時事小言《じじしょうげん》）です。直近の三月十八日のものを読んでも、なかなか結論が分かりにくい文章ではあったのですが……。

藤原帰一守護霊　そら、そうですよ。

小林　まあ、あえて、枝葉《えだは》を取っていって、「おっしゃりたいことは、要するに、こういうことなのかなあ」ということを抽出《ちゅうしゅつ》してみますと……。

藤原帰一守護霊　それが当たってたら、あんた賢《かしこ》いよ。

小林　要するに、「アメリカは、どんどん退《ひ》いていくから、当てにならない」……。

藤原帰一守護霊　ああ、それは正しいね。

小林　「だから、日本が、『自分だけで頑張《がんば》る』なんて無茶《むちゃ》なことを言わないで、関係国で、よくお話し合いをしなさい」ということをおっしゃっているのかなと……。

藤原帰一守護霊 「アメリカが退いてる」っていう事実は認めたわけね。

小林 ええ。

藤原帰一守護霊 これをはっきり言ったっていうことは、私としては、ものすごい勇断だよね。

小林 あ、そうですか（笑）。

藤原帰一守護霊 うーん、勇断ですよ。「アメリカが退いてる」って言うことは、勇断だと思いますね。めったに言えない言葉ですから。

小林　ええ。そして、それに対する、日本の国の対応策として、「アメリカが退いていって、頼《たよ》りにならないので、自分だけで拳《こぶし》を振《ふ》り上げるのは、ちょっと脇《わき》に置いて、よくお話し合いをしましょうよ」ということを……。

藤原帰一守護霊　ということは、どういうことか。それで、「向こうが話し合いたくないっていう場合は、どうなるか」っていうことになりますねえ。

小林　ええ。

藤原帰一守護霊　それについては書いてないわけですね。

小林　はい。

藤原帰一守護霊　これが賢いところなんですよ。

小林　それについては、いかがなのでしょうか。

藤原帰一守護霊　いやあ……、それを書かないのが賢いんだよ。それを書くのは、私学の「クビになってもいい教授」なんですよ。

小林　（苦笑）

藤原氏守護霊が本心を言わない「幾《いく》つかの理由」

小林　まあ、当会は、朝日新聞ではございませんので、〝原稿《げんこう》〟がボツになったりなど、そういうことは一切《いっさい》ありませんから……。

藤原帰一守護霊　うーん。それを言うのは、大川隆法さんの使命なんじゃないの？　宗教家っていうのは、いつも、〝火あぶり〟を覚悟《かくご》してやってるんでしょうから、やっぱり、そういう勇気を持って言うべきですよねえ。

小林　つまり、本心で思っておられることがあるのだけれども、それを表に出すと、学者として〝火あぶり〟になる可能性があると判断されているわけでしょうか。

藤原帰一守護霊　まあ、それは、そういうことになりますねえ。特に、私は、「代表的学者」ということになっているからね。

代表的学者は、やっぱり、最後の最後に結論を言わないといけない。横綱審議委員《よこづなしんぎ》会の最後の判断みたいなもんですからねえ。みんなが「いいんじゃないか」と言って、最後に、「では、昇進《しょうしん》を認めようか」っていう、そういうところだね。

小林　ただ、学者の価値とは「知的貢献《ちてきこうけん》」といいまして、「新しい知識や新しい見識を自らの学問領域に加える」というのが……。

藤原帰一守護霊　そんなことない。そんなことない。

小林　いやいや。それが本来のあるべき姿です。

藤原帰一守護霊　いや。そんなことないよ。給料が安いもん。そんなことない。そんなことない。

小林　それに関しては、特に関心がないと？

藤原帰一守護霊　給料が安いから、それほど働く必要はないと思う。「売れたら、バーッと給料が増える」っていうんなら、それはやるよ。やるけどさ……。

それだったら、リスクを冒《おか》さなきゃいけないからね。だけど、リスクを冒そうが冒すまいが、給料は変わらないわね。

小林　例えば、アメリカの大学のように、その研究成果や発表内容によって……。

藤原帰一守護霊　そうそうそう。人気が上がったら、ガーッと（給料が）上がるっていうんだったら、いいけども……。

小林　つまり、年俸《ねんぽう》制で、ガーンと給料を上げてくれるのであれば、リスクを取って勝負をかけると？

藤原帰一守護霊　人気が上がるっていうのは、たいていの場合、リスクを冒している場合だよね？

小林　ええ。それは、そうですね。

藤原帰一守護霊　私（守護霊）も、いや、彼（藤原帰一）も、これでもリスクを冒しているほうなんですよ。冒しているけど、給料が何倍にもなったりするようなことは、ありませんのでね。学生の人気投票で給料が決まるっていうようなこともないからね。

中国や韓国《かんこく》への接し方については「はっきりとは言えない」？

小林　元のテーマに戻《もど》りますと、要するに、今の中国や韓国《かんこく》を見ていて、「よく話し合いましょうよ」と言って、こちらから擦《す》り寄った場合は、おそらく、今のこの二つの国の国柄《くにがら》、政府のあり方からして、「ろくな結論が待っていない」ということを、例えば、渡部昇一《わたなべしょういち》さん等、いろいろな方が指摘《してき》をしておられるわけですが……。

藤原帰一守護霊　まあ、ああいう素人《しろうと》はどうでもいいよ。

小林　いえいえ。ほかの方でもいいのですけれども、指摘をされています。そのことに関する先生のご見解というのは、いかがなものでしょうか。

藤原帰一守護霊　うーん、でも、政治家としての安倍さんが、そうは言ったって、「中韓と話ができない状態が続く」っていうことは、やっぱり、ずっと火種は抱《かか》えている状態なわけだから、内部の、野党をはじめ、マスコミ等から攻撃《こうげき》を受け続ける材料にはなるわねえ。

だけど、何らかのコミュニケーションをやってる状況《じょうきょう》があれば、その部分を弱めることはできるわねえ。まあ、結果がどうであれね。

だから、ある意味での、「交流は続けながら、自分の考えを向こうに説得していく技術とは何ぞや」というところを問うていかないといかんわねえ。

小林　はい。

綾織　また、分かりにくいのですが、書かれている内容を見ると、「日本が謝罪を繰《く》り返してきたけれども、その謝罪が中国・韓国の胸に届いていない」というようなことも書かれていて、そのまま読めば、「もっとしっかり謝《あやま》れよ」という話をされているのかなと思うのですけれども……。

藤原帰一守護霊　まあ、名誉《めいよ》教授（坂本義和《さかもとよしかず》東京大学名誉教授）が生きている間《あいだ》はねえ、そんなにはっきり言えないのよ。そのへんが亡《な》くなったら、言っても構わないんだけどなあ。

綾織　そういう問題でもないと思うのですけれども……。

藤原帰一守護霊　アハッ、へへ、ハハハ……。学界も難しくてねえ。

綾織　うーん。やはり、「日本が、南京《ナンキン》事件や慰安婦《いあんふ》問題で、もっと謝り続けることが、いい関係をつくっていく」ということになるのですか。

藤原帰一守護霊　いやあ、まあ、それに真っ向から勝負を挑《いど》んでるのが、大川隆法さんだろうと思うけどな。これが突撃隊《とつげき》みたいにぶち込《こ》んでいって、それに追随《ついずい》するマスコミが出てきて、それで、すごく潮目《しおめ》がよく分からないような状況になってきて、右と左がかなり激しく打ち合ってるけど、民主党政権の崩壊《ほうかい》とともに、「やや、左のほうに衰退《すいたい》の気配が見える」というのが現状だよね？

そういう状況だと、やはり、「韓国や中国の主張することは正当だ」ということが、日本のマスコミの文脈において認められるとは、必ずしも言えない。

5 「南京《ナンキン》事件」「従軍《じゅうぐん》慰安婦《いあんふ》問題」をどう見るか

「東大教授の立場」をどう考えているのか

小林　すみません、ちょっと……。

藤原帰一守護霊　うん？

小林　国会答弁のようで残念なんですけれども、以前、篠原一《しのはらはじめ》教授（国際政治学者）をこの場にお呼びしたときに、非常に印象的なことをおっしゃっていました（前掲《ぜんけい》『篠原一東大名誉《めいよ》教授「市民の政治学」その後』参照）。

それは何かというと、「国際政治なり、その学問分野で東大の教授を張るというのは、実は、ほかの大学の教授を張ることと、若干《じゃっかん》、意味が違《ちが》っていて、例えば、政治学なら、私の立場は、その国のある種の政治のあり方に関して、最終責任の一端《いったん》を共有しているんだ」ということを、おっしゃっていたのですね。

藤原帰一守護霊　ああ、それはそのとおりだよ。

小林　つまり、最終的には、そうは言っても、当時の篠原さんの場合であれば、時の総理大臣の相談相手にもなっていました。

藤原帰一守護霊　うん、それはそうだよ。

小林　それで、意図的に影響力《えいきょうりょく》も与《あた》えていましたので、「向かうべき方向に関して、自分も言うべきことを発言し、『この国にとって幸いあれ』ということをしなければいけないのが、実は東大教授の立場なのだ」と……。

藤原帰一守護霊　ふんふん。まあ、そういう意味では、オルグ（勧誘《かんゆう》）されてっていうか、たくさん絡《から》まってはいるわねえ、いちおう。

小林　ええ。だから、「必要に応じて、目に見えるかたちでやるかどうかはともかくとして、取らなきゃいけないリスクは取らなきゃいけないし、勝負をかけなきゃいけないときもあるんだ」という趣旨《しゅし》のことをおっしゃっておられたのです。

藤原帰一守護霊　うーん、まあ、そりゃそうだ。

小林　それを伺《うかが》って、「確かに。なるほどなあ」と思って、たいへん、感銘《かんめい》を受けたのですけれども、その点に関してはいかがでしょうか。

藤原帰一守護霊　だから、「安倍《あべ》総理が、藤原帰一の意見と大川隆法さんの意見の、どちらをよく聞くか」っていうことを考えてみたら、私の意見を聞く場合、表向き、聞いているふりをするポーズをつくるためだったら、やる可能性はある。アリバイづくりのためならやるかもしれないが、「本心で聞く気はないだろう」というのは、だいたい予想はつく。大川隆法さんが言う場合は、本心で聞く可能性はあるわね。

「南京《ナンキン》事件」について事実認定を避《さ》ける藤原氏守護霊

小林　ということは、ご自身が持っておられる意見というのは、先ほど、質問者の綾織が述べたように、「例えば、従軍慰安婦《じゅうぐんいあんふ》問題や南京《ナンキン》問題に関して謝《あやま》り続けるべきである」というものでしょうから、「安倍さんはそういう反応をされるだろう」と思っておられるわけですね。

藤原帰一守護霊　まあ、従来はそういう積み上げで来ているからね。これを根本的に引っ繰《く》り返すとなると、裁判で言やあ、重大な「新事実」っていうか、何か「資料」が出てきたっていうんなら引っ繰り返せるけど、重大な新事実が出てきたわけでなくても引っ繰り返すっていう兆候《ちょうこう》に、今、なってきているから、何だか、ちょっと怪《あや》しく……。

綾織　そんなこともないのではないですか。

藤原帰一守護霊　え？　そうですか。

綾織　やはり、「新しい事実」が出てきていると思いますよ。

藤原帰一守護霊　いや、それは、あなたがたが、霊的《れいてき》に〝操作〟したんだ。

綾織　いや、もちろん、霊的にもそうですけれども、地上の、いろいろな事実が出てきていますので……。

小林　うん。あえて、今日は、霊査《れいさ》の話はしませんけれども、例えば、南京事件に関しては、それについて学会が一つ立ち上がりまして、約十年間の研究がされましたが、あれは、非常に客観的な、優《すぐ》れた研究だと思います。

また、例えば、エズラ・ヴォーゲルのような、あれだけ中国寄りの国際政治学者ですら、南京事件の実在性に関しては、疑義を呈《てい》しているという事実があるわけですね。

ですから、学者としては、そのへんをファクトファインディング（事実認定）するときに、どう考えたほうがいいのかという……。

藤原帰一守護霊　ここは、先ほど言った「中国 対 日本」だけの問題ではなくて、要するに、「南京事件があったか、ないか」という事実認定は別にしても、あったことにしないと、アメリカは先の戦争の正当性のところに揺《ゆ》らぎが起きて、ベトナム戦争以降、アメリカの若者たちが狂《くる》い始めたのが、もっと昔まで遡《さかのぼ》る。つまり、逆になるわけね。アメリカは、「原罪が、おじいちゃんたちの時代まで戻《もど》ってくる」っていうことになりかねないために、アメリカからも、ここのところに譲《ゆず》れない一線が入ってるわけね。実を言うとね。

小林　まあ、そういったことに関して、例えば、「過剰《かじょう》な配慮《はいりょ》をせずに済む」というのが、政治家ではなくて、学者であることの強みだと思うのです。

その意味で、そうした政治的な配慮はともかくとして、学者として「真実」を見る目でと言われたときに、「何が真実であるべきか」ということに関しては、いかがですか。

藤原帰一守護霊　まあ、でも、「『学者』っていう立場でやれ」って言うんなら、向こうは、現地で南京大虐殺《だいぎゃくさつ》の資料館をつくって、とりあえず、いろいろなものを集めてやりまくっていますからね。

だから、日本人が単身、行って、向こうで資料を集めて、それを引っ繰り返せるだけの材料を揃《そろ》えられるかったら、そんな簡単なことではないわねえ。

そういう意味では、もう、あんたがたが暴《あば》れる以外、方法はないんじゃないですか。世の中を引っ繰り返してくれたら、別に構いませんよ。

小林　いや。まあ、極《きわ》めて評論家的な……。

藤原帰一守護霊　あとは、それについてきて言うだろう。それを整理することぐらい簡単ですから。

「アイリス・チャンの霊言《れいげん》」の発刊を勧《すす》める藤原氏守護霊

小林　それで、一点、ここ（公開霊言《れいげん》の場）にお呼びする方が、次から次におっしゃるのが、そうした「アメリカに対する配慮」といいますか、今の論点に関することです。それをおっしゃる方が非常に多いものですから、最近、月刊「ザ・リバティ」とも組みまして、ダーッとレビュー（再調査）して、向こうのアメリカの学会内の調査も、いろいろと進めています。

それで、客観的に見ますと、そういう過去のことを気にしているアメリカ人もいるけれども、そういうことを乗り越《こ》えられるアメリカというのも現にあるわけです。単に、「霊的に、こうだから」という理由だけではなくて、そこの部分に関して、やはり、「本来の軍人の考え方から言っても、日本に対して少しやりすぎだった」という意見であるとか、「戦後の共産主義の広がりから見て、自分たちに一定の誤りがあった」「そういったことを認めたからといって、別に、アメリカという国の国柄《くにがら》が壊《こわ》れるわけではない」という非常にフェアな考え方も、少なからずあることが分かってきました。そこは、われわれとしても「やっていこう」と思っているのですが、その点について、「先験的に結論を決めている」という、ご自身のスタンスに関しては、いかがかなと思いまして……。

藤原帰一守護霊　君らはさあ、「死んだ人の考えを伝えられる」っていうんでしょう？　それで、最近では、「英語でも霊言はできる」と称《しょう》して、（本を）出しておられるんでしょう？

『ザ・レイプ・オブ・南京』を出したのは、アイリス・チャンだったかなあ？

小林　そうですねえ。

藤原帰一守護霊　でしょう? あの人は、亡《な》くなったんでないかな。

小林　「亡くなった」というか、不可思議な死に方を……。

藤原帰一守護霊　そうだろう? じゃあ、ぜひ、この〝法廷《ほうてい》〟に呼び出して、〝陪審《ばいしん》員〟の前で、嘘《うそ》か本当か、英語で問い詰《つ》めたらいいじゃないの?

小林　まあ、時期が来たら……。

藤原帰一守護霊　うん、それをやったら、一つの資料ではあるわな。

小林　ええ、時期が来たら、ありうるかもしれませんね。

藤原帰一守護霊　宗教を信じる人にとってはね。信じない人にとっては資料にならないけど、信じる人が多数になった場合は、それは、資料として、十分、言えるわねえ。

小林　そうですね。

藤原帰一守護霊　うん。それで、君らの理論から言やあ、地獄《じごく》へ堕《お》ちてなきゃいけないわけだろうからな、彼女はねえ。だから、堕ちてるかどうかを確認しなきゃいけない。

もし「天国に還《かえ》って天使になっている」っていうんだったら、言ってることは正しかったんだろうから、どちらかをやっぱり調べるべきだよな。俺《おれ》、藤原帰一なんか呼ばずに、そちらを〝攻《せ》め〟なきゃ駄目《だめ》じゃないかな。そうせずに、私を〝攻め〟たって、もう、しょうがないじゃない？　そんなこと。

小林　要するに、そういうことを、われわれが代わりに全部やって、証拠《しょうこ》を揃えてくれたら、「私は意見を言ってもいい」と？

藤原帰一守護霊　そうそうそう。いや、学問的態度というのは、いちおう、そういうことでしょう？　学者としてはね。

いや、学者以外に、「私に出家《しゅっけ》しろ」って言うんなら、そら、話は違いますがね。「頭を剃《そ》って言え」って言うんだったら、そらあ、違うことを言いますけども。

いや、そらあ、「出家者みたいに言え」って言うんだったら、それは、「日本人が、そんな犯罪者の過去を持ってないほうが望ましいなあ」とは、基本的には思ってますよ。

ただ、学問的には、そういうことを繰り返し教わってきておりますのでね。だから、「自分は、そんなに勤勉でないので、それだけのフィールドワークをしてないもんだから、それを覆《くつがえ》すだけの材料は、十分には持ってない」っていうことですねえ。

綾織　ご自身のスタンスについてお伺いしたいのですが。

「従軍慰安婦問題《じゅうぐんいあんふもんだい》」を調べられるのは霊言《れいげん》しかない？

慰安婦《いあんふ》問題については、けっこう、はっきりとおっしゃっているところがありまして、「慰安婦の方々を集める過程で、そういう強制がなかったという議論には無理がある」というようにおっしゃっていて、「日本軍が、いわゆる、拉致《らち》のようなことをして女性を集めた」ということは、はっきりおっしゃっているわけですよね？

ただ、去年ぐらいから、いろいろな証言が出てきまして、過去のものが、まったくのいいかげんな証言であったということも明らかになっています。

藤原帰一守護霊　まあ、それはねえ、その時代を見てきたわけではないから、はっきりしたことは分からないけども、常識的に考えれば、「軍隊が駐在《ちゅうざい》してるところに、慰安所《いあんじょ》ができる」ということで、「軍からの依頼《いらい》がなかった」と考えるのは無理があるとは思うのよねえ。

だから、それを軍人がやったかどうかは別として、「軍からの依頼があって、軍の依頼を受ける者が、業者であるか、公務員であるかはよく分からないけども、そういう何らかのニーズに応《こた》えるべく、力が動いた」っていうことはあるわねえ。

綾織　そうなると、「強制」とか「拉致」とかは、まったくつながらない話になりますよね。

藤原帰一守護霊　だけど、朝鮮《ちょうせん》半島は、もう日本の一部にされてたわけですから、逆《さか》らえるはずはないですよねえ？　少なくともね。

綾織　いや。「強制」とか「拉致」とかいうのは犯罪なので、「それが、公的機関によって行われた」というのは、今おっしゃったのとまったく違う話ですよね？

藤原帰一守護霊　まあ、中日新聞、じゃないや、東京新聞等は、そういうことを、インドネシアだったかな？　どこかでやったっていう人が、その証拠の〝もみ消し〟を言われて、お金を配って歩いたみたいなことを載《の》せてたよなあ？　最近な。

だから、そういうのは拾えば、「それはなかったことにする」みたいな、もみ消しをやったっていう人は、探せないことはなかろうから、ちょっとドローにはなるのね、どっちにしてもねえ。

小林　いやいや。今のインドネシアの例は、「B級戦犯《せんぱん》で、すでに決着済み」の件を持ち出して、いかにもそれが「朝鮮の人がやらされたかのような話」にすり替《か》えるために出てきたような話ですから、それはフェアではないですよ。

藤原帰一守護霊　だから、もう、「全部、死人に口なし」だから、君たちのその霊言《れいげん》以外に調べるものはないんだよ。

小林　いや、これは霊言ではなくて、要するに、残っているこの世の資料によって、明らかになっているのです。

6 〝左翼《さよく》的学者〟の「意外な本音」

「坂本義和《さかもとよしかず》東大名誉《めいよ》教授」と「自分の見解」との関係を語る

小林　今、お話を伺《うかが》いながら思ったのですが、「当時、朝鮮《ちょうせん》半島においては……」という表現のされ方が、以前、坂本義和《さかもとよしかず》さんの守護霊が来られたときに言われたことと、まったく同じなのです。

藤原帰一守護霊　しょうがないでしょうが。恩師なんですからね。

小林　恩師は恩師なんですけれども、要は、その思想を、弟子《でし》として、衣鉢《えはつ》を引き継《つ》ぐがごとく、自らも今の価値判断の基準にしているのか……。

藤原帰一守護霊　それは、そうですよお。

小林　それはそれ、これはこれで、「時期を見て考える」というスタンスで、独自の見解を持っておられるのか……。

藤原帰一守護霊　うん、教授にしていただいたんだから、それはしょうがないでしょ。

小林　今は、いかがなのですか。

藤原帰一守護霊　え？　あっちが死ぬのを待ってるんだから。いや、私も、守護霊なので、〝死んでいる〟けどもね（苦笑）。

小林　では、まあ、少し変な言い方をすると、例えば、もし、今晩、突然《とつぜん》、（坂本義和氏が）お亡《な》くなりになったとしたら、明日以降のご見解は……。

藤原帰一守護霊　まあ、ちょっと考えが変わるかもしれないねえ。

小林　あ、「考えが変わるかもしれない」と？

藤原帰一守護霊　うん。それは可能性としてはある。

小林　それは、例えば、どのように変わる可能性が……。

藤原帰一守護霊　うん、まあ、もうちょっと自由な議論をする可能性はありますね。

朝日が「従軍慰安婦《じゅうぐんいあんふ》を捏造《ねつぞう》した本心」を読み解く藤原氏守護霊

藤原帰一守護霊　だから、君たちの議論が優勢になると思ったら、そちらのほうに、若干《じゃっかん》、親和性があるような言い回しをするかもしれない。

もし、朝日が崩壊《ほうかい》するという時期が近づいて、〝落城《らくじょう》〟寸前まで来たら、そら、もう逃《に》げ出すわねえ。とんでもない。

小林　でも、朝日新聞は、もう逃げ出し始めていて、やはり、うまくすり抜《ぬ》けていますからね。

例えば、若宮《わかみや》さん（朝日新聞の元主筆）は、きちんと自分の本のなかで、「従軍慰《じゅうぐんい》安婦《あんふ》は嘘《うそ》だった」と、実は、書いて認めています。

また、これは公開されていますが、ある人が朝日新聞に公式の質問状を出して、「従軍慰安婦問題はあったのですか、なかったのですか。公式見解を教えてください」と訊《き》いたら、「朝日新聞の現時点のコメントとしては、『どちらとも言えません』。これが朝日新聞の公式見解です」と……。

藤原帰一守護霊　君じゃないの？　それを出してるの。

小林　いやいや、これは、第三者の、ある雑誌に出てきた話ですけれどもね。

藤原帰一守護霊　あ、そうなの。ほう。

小林　だから、実は、みんな上手に、もうそのへんは、〝足抜け〟を始められているわけです。

藤原帰一守護霊　いやあ、でも、もう全部知ってるんじゃないの？　「朝日の捏造《ねつぞう》だ」っていうことぐらい、みんな知ってるんじゃないの？　本当は。

小林　ええ。みんな知っていますからね。

藤原帰一守護霊　知ってるけども、何か、そういう（日本が謝《あやま》るための）原因はつくらなきゃ駄目《だめ》だろうと思うけどね。

だから、つくったことによって、ファインプレーを狙《ねら》ったと取ってるんだと思うのよねえ。一種のファインプレーだと。

小林　でも、先生も、当然、「捏造だ」というように認識されているわけですよね？

藤原帰一守護霊　まあ、「どうせ捏造だろう」とは思ってるけどさあ。だけど、「捏造だ」っていうことを証明するのは、学者としては難しい。それは、当時の周りを全部調べて固めなきゃいけないので、それをやれるのは、やっぱり、しつこく食いついて離《はな》れないルポライターみたいな感じの人でないと、ちょっとできないかな。学問的にはちょっと厳しいな。

どうせ、それは捏造だろうよ、本当は。だけど、朝日の本心は、「捏造かもしらんけど、それをファインプレーに見せる」っていうあれなんだよねえ。

だから、そういうファインプレーに見せて、（手を叩《たた》きながら）「ウワーッ」って拍《はく》手《しゅ》させるつもりでやっていて、「そのほうが国民受けをする」と思って、当時は、やったんだとは思うけど、だんだん、それを固めていくうちに、何だかコンクリートで固まったようになってきて、「今さら、できたものを壊《こわ》せるか」っていうことになってきた。これを倒《たお》すと、レーニン像を倒すような感じに見えるからねえ。

〝南京《ナンキン》〟について「本当はどう思っているのか」

小林　その論法でいくと、〝南京《ナンキン》〟のほうは、どう見ておられますでしょうか。

藤原帰一守護霊　ああ、〝南京〟については、いやあ、私だって本当はあまり好きではないんだよ。正直に言やあさあ。そりゃ、そんなの、もういいかげんに……。

小林　でも、けっこう書かれてますよね。

藤原帰一守護霊　いやあ、中国に、本当は腹が立ってるんだけどね。「もう、いいかげんにしろ」って……。

綾織　あっ、それは本当なのですか？

藤原帰一守護霊　ええ。「いいかげんにしろ」と本当は思ってるんだけどねえ。「何十年前の話で金をゆすり取ってるか」って、まあ、その程度は分からんことはないけどもね。

分からんことはないけど、それは、「一種のゲームだ」と見ているからねえ。そういう外交ゲームをやってるんで、何でもいいから、向こうはカードを切ってくるからさあ。その切ってくるカードに対して、「こちらが、どういうカードを切り返せるか」っていうだけの問題でしょう？

そういう意味で、そのカードが切れないんだったら、負けなんだから、外交においては。しかたないんだねえ。だから、切るのが下手だわね。

綾織　では、「中国・韓国《かんこく》と話し合いましょう」という流れのなかで、日本が切るカードは何がよいと思われているのですか。

藤原帰一守護霊　そらあ、やっぱり、中国が日本に対してやった、いかがわしい行為《こうい》や悲惨《ひさん》な行為、犯罪行為等、そういう不当な行為を数多くあげつらわなきゃいけないでしょうねえ、バランスが取れるぐらいまで。

綾織　はい、はい。

小林　それは、例えば、どういったあたりの……。

藤原帰一守護霊　ええ？　だから、「なぜ、日本人が中国人に対して、それほど厳しく接しなきゃいけなかったか」という理由を、やっぱり、はっきりと明示しなきゃいけないでしょうねえ。「なぜか」っていうことをですね。

小林　あ、実は、よくご存じなのですね。

藤原帰一守護霊　だから、「通州事件《つうしゅう》」とか、ああいうのを岩波系は隠《かく》してるわねえ。それは、はっきり言やあね。載《の》ってないわねえ。

小林　ええ、そうですね。

藤原帰一守護霊　「日本人、二百人、皆殺《みなごろ》し事件」とか、中国人はやってるわねえ。あんなのも、年表から削除《さくじょ》して、きちっと隠してるわねえ。こういうのは、客観的に言やあ、蓋《ふた》を開けていって、やっぱり論証していかなきゃいけないんだけど、かなり難しいのでな。

あちらは、まあ、そういう学問的な態度だけで、調べさせてくれるところではないし、政治的な圧力をいろいろかけてくるからねえ。

あるいは、メディア等を調べようとしても、「それをやるんだったら、今後、一切《いっさい》

●通州事件　1937年、中国（中華民国）の通州で、日本人らが大量虐殺された事件。中国人部隊の襲撃により、日本人居留民の半数以上にあたる200名以上が虐殺されている。

の取材に対しては協力しない」っていう態度で来るからさあ。

その意味で、迎合《げいごう》しないかぎり、もしくは、二重スパイ風に、相手に協力しているようなふりをしながら、探《さぐ》るようなことでもやらないかぎり、やれないんでね。

そういう意味では、戦後、日本は、スパイの養成には失敗しているので。アメリカやロシア（旧ソ連）みたいに、そういう二重スパイみたいなのをつくるのは下手だから、まあ、十分できてないんだと思うよねえ。

7　「日中戦争」の真相をどう見るか

「建前《たてまえ》上の反対意見」をあっさりと認める

小林　そうしますと、特定秘密保護法に対するスタンスも、実は、本心では少し違《ちが》うわけですか。ずいぶん反対されていましたけれども。

藤原帰一守護霊　本心の場合……。やっぱり、建前《たてまえ》上、反対しなきゃいけないでしょう？　しかたないでしょう？　それは。

小林　でも、憲法学の長谷部恭男《はせべやすお》教授は、朝日新聞で「賛成」と言われていましたよ。

藤原帰一守護霊　長谷部さんだって、はっきりしてないよ、ほんとに。

小林　まあ、そのあともバランスを取る記事を書かれていましたけども。

藤原帰一守護霊　あれは、どっちでもいいんじゃない？　ほんとは。

小林　いえいえ。いちおう、採決前のいちばん重要なときには、「賛成」と言っていた方でしたから。

藤原帰一守護霊　いやあ、両方言ってるじゃん、あの人。どっちにも、ぶれてるよ。だから、賛成でもあり、反対でもあるんだ。

危険になったら、それは反対になるんだよ。危険っていうか、自分の立場が危険になれば反対すると思うよ。うーん（今春、長谷部教授は理由不明ながら、東大から他大学〔早大〕に転出になった）。

中国に対して「学者」としての態度を守り続ける藤原氏守護霊

小林　ちょっとまた中国の話に戻《もど》しますけど、例えば、「国民党のなかに、中国共産党の人たちがずいぶん入り込《こ》んでいて、日本に対して事件を起こし、大陸のほうに引きずり込んでいった」ということについて、アメリカ政府の機密解除や旧ソ連崩壊《ほうかい》後のロシアでの研究によって、ずいぶん資料が出てきています。そういったあたりも、やっぱり中国が当時やっていたことは、よくご存じですよね。

藤原帰一守護霊　だから、まあ、いろいろなことを知ってはいるよ。知ってはいる。知ってはいるけども、まあ、マクロというかトータルで見た場合に、中国が日本を侵略《しんりゃく》したわけではなくて、日本の軍隊が、少なくとも中国大陸を走り回ったっていうか、駆《か》け抜《ぬ》けたことは事実であるからね。

どっちがどっちの国を侵《おか》したかと言えば、それは日本が向こうを侵したことは事実なので。これは否定できない。

これは、架空《かくう》のことではないからねえ。

綾織　そのへんは、必ずしもそうとは言えなくて、やっぱり……。

藤原帰一守護霊　ほう！　そう？　空を〝飛んだ〟だけだったのか？　あれは。

綾織　いえいえ。そんなことはありません。やっぱり常に受け身で、どんどんどんどん引きずり込まれていったというのが事実ですので。

藤原帰一守護霊　いや。それは卑怯《ひきょう》なんじゃないの？

綾織　いやいや、そんなことはありません。普通《ふつう》に、日本人を保護していただけですので。

藤原帰一守護霊　かつてナポレオンをやっつけるために、なんか、ロシアが内陸に引きずり込んだみたいな言い方をするけど、本当に、それほど向こうが戦略的で賢《かしこ》かったかどうか。

まあ、そういう言い方もするけどね。

綾織　あれは、戦略があったと思います。

藤原帰一守護霊　ああ、そういう言い方もあるけどねえ。まあ、毛沢東《もうたくとう》なんかがそういうふうにしたような言い方はあるけど、それだって学問的にはよく分からない。あとから言うのは、幾《いく》らでも……。

綾織　いや。そこは、すでに、かなり検証されているところです。

藤原帰一守護霊　あのー、建国してから〝神話〟をつくるのは、幾らでもできるから。

小林　いえ、実は、事実としてはかなり検証されていて、学者さんとマスコミが、それを取り上げて外に言わないだけだというのが実態ではありますよね。

藤原帰一守護霊　まあ、実際は、日本軍が強いから、逃《に》げて逃げて逃げまくってたんだと思うけどねえ。戦略的に引きずり込んだというよりは、日本軍が強くて、逃げて逃げて逃げまくったというふうに、私は思うけど。
　国が大きいから、追いかけるのに追いかけ切れなかったのが現実じゃないかとは思うんだけどねえ。
　まあ、日本軍は強かったんじゃないんですか、はっきり言って。

小林　まあ、そのへんの歴史観は、だいたい分かりましたから。

藤原帰一守護霊　いや、力的には、日本兵一人に対して、中国兵二十人。二十対一ぐらいで、ちょうど釣《つ》り合うぐらいの戦力なんですよ。

小林　ええ。

藤原帰一守護霊　だから、日本軍は強すぎたんですよ。まあ、日本軍が百人いたら、中国軍二千人と戦って、勝てるぐらいの強さがあったんで。

あちらは、ただの烏合《うごう》の衆《しゅう》なんですよ。中国人っていうのは、もう、一目散《いちもくさん》に逃げるんです、そういうときには。日本軍は逃げないで、ちゃんと戦うので。

まあ、そういうのは分かってはいるんだけどねえ。ただ、やっぱり、国際政治学者としては、日本の軍隊が他国のなかに進駐《しんちゅう》して、一定の年数だねえ、長く十年超《こ》えて、いたっていうことは、日本が逆に、それと同じ立場だったら、そう言ったって、ギャアギャアと外国のことを言うでしょうから。今の沖縄《おきなわ》の人が、「アメリカ軍基地によって被害《ひがい》を受けた」みたいにギャアギャア言い続けているように、やっぱり言うだろうなあとは思うので。

それは、ある程度聞かなきゃいけない面もあるかなとは思うよ。

藤原氏のなかにある「文化人類学」的影響《えいきょう》

小林　そういう前提でお話しされているんですけれども、今回、ちょっと、先生のプロファイリングっていいますか、ご経歴を見ていて、「え？」と驚《おどろ》くような発見が一つありました。

イェール大学に留学されたときの主任教授がジェームズ・スコットという方なのですけれども、この方は、いちおう政治学者ということになっていますが、私の理解では、文化人類学者ではないかと思うのです。

藤原帰一守護霊　（笑）

小林　つまり、ご専門が、最初、フィリピンの、いわゆる農民反乱のところから入っていかれており、「脱《だつ》国家の世界史」とか、わりとそういう反国家論のところから入っていかれたわけです。

藤原帰一守護霊　うーん。

小林　今、国際政治学とは言っても、そういったところから入っていかれたので、ものの見方として、どちらかというと、そういうやや左翼《さよく》的で民衆運動的な枠組《わくぐ》みのなかで、ご覧になられていたのではないかという感じがします。

藤原帰一守護霊　まあね、それは文化人類学のほうが、フィールドワーク的なものの見方をするしねえ。だから、理論先行ではないという面は、確かにあるのかもしれないけどもねえ……。

君、ちょっといやらしいところに〝球〟を投げてきたねえ。

小林　いえいえ。先ほどから無前提に、「アメリカの機嫌《きげん》を損《そこ》なう」とか、「アメリカの考えはこう」と言っているのですけれども、その見方そのもののなかに、やっぱりアメリカのほうから見た特別なフレームがあるように窺《うかが》えるものですから。そのへんに関してはいかがですか?

藤原帰一守護霊　まあ、論文で発表した場合にねえ、東大の国際順位が上がる発表と、下がる発表とがあるんだよ。君が勧《すす》めているのは、国際順位、競争力が下がる方向に勧めてるのよ。

だから、そういう格付け機関はねえ、アメリカ寄りの考え方を発表した場合に、格付けが上がるようになっておりましてね。

これが「グローバリズム」の正体ですのでねえ、現実にはね。

小林　それに関しては、どのようにお考えなんですか。

藤原帰一守護霊　だけど、まあ、アメリカ全体の国論が、「中国脅威《きょうい》論」のほうが強くなってきた場合は、反対に、コロッと引っ繰《く》り返ってくるとは思うよ。「やっぱり日本をもうちょっと擁護《ようご》しなきゃいけない」というふうには、なってくるからね。そのへんの潮目は、よく読まないといけないわねえ。

小林　つまり、環境《かんきょう》の変化……。

藤原帰一守護霊　私たちには、「主体性」はないんですよ、はっきり言って。はい、〝環境論者〟です。そのとおりです。ええ、そのとおりですよ。君たちは「主体性」があるからねえ。勇気を持って乗り込んでいくんだろうけど。

8　東大の「本郷《ほんごう》」と「駒場《こまば》」の関係

戦後、共産主義が流行《はや》った理由

小林　先ほどの論点の延長ですが、戦前の日本について、よく言われているのが、「当時の日本の最大の関心事は、共産主義の脅威《きょうい》だった」というところに日本のスタンスがあったわけですよね、アメリカが特に見落としている視点としては。

藤原帰一守護霊　うん。まあ、そうだね。うん、うん、うん。

小林　これはご存じだと思います。

藤原帰一守護霊　うん、うん。

小林　で、結果、日本が敗れたことによって、世界の三分の一が、共産主義で〝真《ま》っ赤《か》っ赤《か》〟になってしまった。そして、チベットやウイグルの不幸が生まれてきてしまったっていう、そのことに関して、先の大戦に対する価値判断として見たときに、どのようにお考えなのでしょうか。

藤原帰一守護霊　まあ、アメリカではマッカーシズム●が吹《ふ》き荒《あ》れて、「赤狩《あかが》り」を始めたけど、その段階で、先の大戦の大義名分について、もう一度、検証をし直すべきだった。戦後数年だけど、当時の政治家が、やっぱり見直しをちゃんとして、その見直しに基《もと》づいて、日本のあり方も考え直すべきだったかなあと思いますね。

そうすると、現代まで引きずっている問題はかなり違《ちが》っていただろうと思うので。その当時の日本の政治家が、やっぱり勇気がなかったなあっていう感じはありますねえ。

マッカーシズムが正しいんなら、そういうふうに共産党の色が付いたものを追い出

●マッカーシズム　1950年代、アメリカ合衆国内で、上院議員のジョセフ・レイモンド・マッカーシーを中心に行われた反共産主義に基づく社会、政治的運動。共産主義者であるとの批判を受けた政府職員、メディアの関係者などが攻撃・追放された。

せっていうわけですからねえ。あの「赤狩り」を、アメリカでやったわけですし、それは戦前の日本もやってたわけですからねえ。

「それだったら、ちょっと話が違うじゃないですか」と。「そういうような〝赤〟が流行《はや》った理由は、先の大戦で、防共協定を結んでいるところを三つ滅《ほろ》ぼしたからじゃないですか」と。そういうことだよねえ。

だから、このへんが、国際政治における理論的な、いかがわしさだわねえ。ただ、アメリカはそれでも、戦後も、しょっちゅう起こしてるからねえ。イラクとイランの関係なんかで、あっちを応援《おうえん》したり、こっちを応援したり、コロコロコロコロ変わってるから。

これはねえ、本当は、「二大政党制」の欠点でもあるんですよ。だから、政党が変わると違うことをやる。

まあ、日本だって、やっぱり、そうだったわねえ、最近のを見ても。そのへんの欠点があるので、あれを必ずしも理想化しちゃいけない面はあるんだと思うんだけどねえ。

「マスコミの格」によっては、書いていいことと悪いことがある

小林　今、おっしゃったようなことを、今後、少しずつ、マスコミに書いていかれるというのは、いかがですか。

藤原帰一守護霊　まあ、そんなリスキーなことを言わずに、定年を迎《むか》えさせてよ。

小林　でも、今おっしゃった部分は、それほどのリスクはないと思うのですが。

藤原帰一守護霊　うーん。

小林　一定の支持者はいると思いますので。

藤原帰一守護霊　こんなことを言うのは、渡部昇一《わたなべしょういち》さんみたいな人たちだから。まあ、

私なんかが言うようなあれじゃなくて、「W《ウ》・i《イ》L《ル》L」あたりに書く言論人が言うべきことなんですよ。

だから、マスコミにもいろいろと格はある。格はあるんですよ、格がね。あのへんの十万部程度の雑誌なら書いても構わない。ただ、何百万部もの雑誌、新聞とかになると、いろんな関係者が出てくるので、まあ、書いていいことと悪いことがあるんですよ。うんうん。

このへんは、まだちょっと、君らには分かってないと思う。

新聞に自由な論調で書いたら「東大本郷《ほんごう》から駒場《こまば》へ異動」

小林　今の例で言えば、読売新聞あたりに対しては、非常に面白《おもしろ》い〝ボール〟になるのではないかと思います。

藤原帰一守護霊　うーん……。読売かあ……。

小林　ええ。例えば、もし藤原先生が、そのような論調を読売で、あるいは、ほかの系列で書かれるとして……。

藤原帰一守護霊　うーん、そうするとね、読売に書いてもいいよ。

小林　ええ。

藤原帰一守護霊　書いてもいいよ。その場合に、私はね、本郷《ほんごう》の法学部の教授から、駒場《こまば》の教養学部の教授に異動になるんだよ。

小林　でも、あとそんなに長くないではありませんか。

藤原帰一守護霊　ええ。エッへへへへ……。まあ……。

小林　もう大丈夫《だいじょうぶ》だと思いますが。

藤原帰一守護霊　ええ。もう、はっきりしてるのよ。だから、読売に一生懸命《いっしょうけんめい》書くようになれば、〝駒場行き〟なんですよ。

駒場の場合は、学問性はそれほど強く要求されないから、ある程度、自由に言論が言えてもよく、時の政権に対して御用《ごよう》学者みたいなことを言っても、責任は大して問われないんですよ。

小林　はい。

藤原帰一守護霊　駒場は、だからねえ、ある意味では開き直っているから。面白くねえから、一生懸命、名前を売りたがって、そういうことを書いてもいいことになってるのよ。

小林　うん。

藤原帰一守護霊　本郷は、やっぱり、政権に対して、表向きは批判的なスタンスを見せつつ、裏では政権とつながって、意見を言っても構わないことになってる。これが〝本郷の流儀《りゅうぎ》〟なの。

「言論の自由」を発揮すると法学部長の芽はなくなる？

小林　そういう言い方をしていますけれども、学部のなかでは、〝ジュニア〟ではなく、すでに〝シニア〟のほうの教授になってこられて、上には、もうそんなにいらっしゃらないですし、「誰《だれ》の目を気にしているのかな」というのが非常に疑問です。

藤原帰一守護霊　まあ、それはねえ……。

小林　それは、ＯＢの先生ということですか。

藤原帰一守護霊　名誉《めいよ》教授も、ちょっと、まだ存命《ぞんめい》でいらっしゃるから……。

小林　はい、それもあるでしょうが、要するに、その人事権がけっこう強いということをおっしゃっているのでしょうか。

藤原帰一守護霊　うん、まあ……、君の口車《くちぐるま》に乗せられた場合は、法学部長になる芽はなくなるわけよ、はっきり言えば。

小林　ああ、そういうことですか。なるほどね。分かりました。

藤原帰一守護霊　分かりました？

小林　はい。

藤原帰一守護霊　「学内アドミニストレーション（管理）」っていうのがありましてね、支配権を持てる考え方があるんですよ。これは、だいたい、君たちで言う、「衣鉢《えはつ》を引き継《つ》ぐ」っていうことに当たるわけでしてね。だからね、そのへんを押《お》さえなきゃいけないところなんですよ。

小林　例えば、法学部長になった暁《あかつき》には、もう最後だから、少し、「言論の自由」の発揮はありえないですかね？

藤原帰一守護霊　ああ、いやあ、それはもう……、学内統治のほうに力を注がなきゃいけなくなるから、言論はもう一段、用心深くなるね。

小林　（笑）

藤原帰一守護霊　ハハ……。

綾織　ということでしたら、この機会が「言論の自由」の最後の機会になる可能性もありますので（笑）。

藤原帰一守護霊　うん、だから、本人が言ったんじゃなくて、「守護霊が言った」ということで、まあ、「信じるも自由、信じないも自由」という……。

綾織　そうなんですね（笑）。

藤原帰一守護霊　ほんとに〝信教の自由〟だね。ほんと、そのとおりだね。

9 「尖閣《せんかく》有事」にどう対処すべきか

今後、中国・韓国《かんこく》問題に対してはどのようにすべきか

綾織　先ほど、「中国・韓国《かんこく》と話し合え」と言いつつも、やはり、「何かしら、中国・韓国の当時の状況《じょうきょう》、例えば、戦争中や戦前の状況などをあげつらっていけばよいのではないか」というお話もありました。

そこで、今後、実際に中国・韓国のことを考えていくときに、現在の問題として、どのように対処していけばよいでしょうか。

藤原帰一守護霊　まあ、戦争中に生きてた人が死に絶えるのを待つしかないんじゃないか、基本的な戦略は。みんな死んでしまえば、もう、言う人はいなくなるからさあ。

綾織　逆に、知らない人が、盛《さか》んに「慰安婦《いあんふ》問題」を言っているところがあります。

藤原帰一守護霊　ああ、そういう点もある。知らないから言えてるとこもあるよな。教育で教わってね。

朴槿恵《パククネ》さんの問題なんかも、ちょっとそういうところがあるわね。実際、戦争を知らない世代が言ってるわけだから、まあ、それはそうだけども。うーん。

綾織　藤原教授は、部分的には、非常に納得《なっとく》できることもおっしゃっていて、「オバマ大統領は、アメリカ自体が戦争に巻き込《こ》まれることを嫌《いや》がっている」と……。

藤原帰一守護霊　うん、そうだねえ。ノーベル平和賞なんていうのは、ほんと、もらっちゃいけないんだよ。辞退しなくちゃ。あれをもらったら、もうだいたい、一定の方向付けをされちゃうんでね。現職であれをもらったら駄目《だめ》なんだよ、ほんとはね。戦争できないじゃん？

綾織　はい。尖閣《せんかく》問題などについても、「今は小さな紛争《ふんそう》であるが、今後、実際に日中戦争のような大きな戦争が起きうる」こともおっしゃっていて、分析《ぶんせき》としては、大きな意味では外れていないと思うのです。

ただ、では、今の中国・韓国に、どのように対処していくかというところは、ここの部分もあまりおっしゃってなくて、やはり何かしら……。

今のままでは、中国船で尖閣《せんかく》に上陸されて既成《きせい》事実を築かれる

藤原帰一守護霊　うーん、でも、安倍《あべ》さんの〝単線路線〟に、あなたがたのような「宗教パワー」が加わると、いやあ……、やっちゃうかもしれないから、気をつけないとね。

これは、客観的、冷静に見ないと、ウワーッと〝集合霊《しゅうごうれい》〟が取り憑《つ》いたようになって動くと、行くかもしれないからさあ。

小林　それは、当会に対し、もう少し、「立体性」と「奥行《おくゆ》き」を持った見方でご覧いただきたいのですけれども。

藤原帰一守護霊　だけど、まあ、腹が立つでしょう？　だって、もし、尖閣《せんかく》に中国の船が来て、上陸したら、やっぱり腹が立つでしょう？　立たない？　君たち。

小林　いや、そもそも、そういう事態にならないように、先手を打っていきますので。

藤原帰一守護霊　「ならない」ったって、軍隊で来たら、もうどうしようもないじゃない？　ダーッと何百隻《せき》で来たらどうするのよ。どうする？

小林　そのあたりになりますと、国際政治の学者でいらっしゃいますので、そのとき相手がどう動くか、相手の戦力分析、意図といったものをトータルで見なければいけないことはお分かりだと思うのですが。

藤原帰一守護霊　今の考えだとねえ、向こう（中国）が何百隻かで来た場合、燃料と食糧《しょくりょう》が尽《つ》きるまで、（日本は）遠巻《とおま》きにしてジーッと待っているという状況で、その間、アメリカが何かしてくるかどうか。

一生懸命《いっしょうけんめい》、向こう（アメリカ）を突《つ》くかたちになるけども、アメリカも、中国との関係は深いので、「ゆっくりと説得し合いたい」みたいなことをやっているうちに、向こう（中国）は、島に上がったら、当然ながら工事を始めるからね。韓国がやったように、建物を建てたり、軍港をつくったり、いろいろとし始めるからね。

これに対して、海上保安庁が指をくわえて見ているだけで、「私らは国土交通省なので、ちょっと、どうにもなりません」とか言うているうちに、既成《きせい》事実をつくられてしまう可能性はあるわね。

ほかの国なら、そういうことをされ始めたら、当然、即《そく》、攻撃《こうげき》をかけますよ。攻撃をかけられないのは、世界で日本だけですから。

自国の領土を侵害《しんがい》した敵を追い払《はら》うのは「正当な行為《こうい》」

小林　ご本心としては、実は、そこの部分の「限界」や「制約」を外すべきだと？

藤原帰一守護霊　いや、それは私にはできない。それができるのは大川隆法さんしかいない。うん。それは……。まあ、「神の声」を伝えなきゃしょうがないですね。神はこう……。

綾織　でも、「アメリカは頼《たよ》りになりません」と言われているわけですから、客観的には、「その選択肢《せんたくし》しかありませんよ」とおっしゃっている……ように思うのです。

藤原帰一守護霊　でも、それは、幸福の科学がワアワア言っても、東大教授が「それを撃退せよ」とは言えないからさあ。

国際政治学者としては、まあ、「自国の領土を侵害《しんがい》された」と見たら、一般《いっぱん》的な国際政治の常識においては、それ相応の報復、向こうを占領《せんりょう》するまで、敵国内陸部まで侵攻するのはやりすぎだけれども、「島から敵軍を追い払《はら》う程度のことをするのは、国際法上も正当な行為《こうい》である」ぐらいのことを追認して書くことは可能です。

小林　今の一文だけでも、「藤原帰一教授」の署名のある文章でしたら、十分にインパクトがあると思いますので、この場だけではなく、ぜひ、ご見解を発表いただければと思います。

藤原帰一守護霊　いや、もうねえ、今は、大川隆法さんの時代ですよ。正論を言えるのは、もうここだけですよ、平気で言えるのは。

あとはねえ、学問的には、正論はちょっと難しいので。だいたい十年は後《おく》れるから……。

本当のことを書いて恩師の著作集を反故《ほご》にするのは忍《しの》びない？

小林　ただ、今、綾織が申し上げた趣旨《しゅし》は、「アメリカは当てにならないぞ。退《ひ》いていく可能性は高いぞ」ということを言っているわけです。

藤原帰一守護霊　それでも、かなり勇気が要《い》るんだよ、それを言うだけでも。

小林　現実を直視せずに、甘《あま》い幻想《げんそう》を抱《いだ》いている学者さんはたくさんいますので、それは偉《えら》いと思います。そのなかでは透徹《とうてつ》した洞察《どうさつ》をされていると思うんです。

藤原帰一守護霊　というかねえ、君らが言う結論を私が本で書いた場合、まあ、何度も言って申し訳ないが、〝学者村〟はすごーく狭《せま》い世界なので、恩師が書いた著作集を全部反故《ほご》にするっていうか、全部、〝ゴミ処分場〟に送ることになるからね。

そのへんは、やっぱり、情において忍《しの》びないところがある。

小林　でも、あえて名前は出しませんけれども、もうすでに一人、事実上、〝処分場〟には……。

藤原帰一守護霊　いや、まあ、そんなことはない。ちょっとは、まだ力はあるよ。ちょっとはあるからさあ。

小林　確かに東京新聞あたりに、反対者の著名人一覧で紙面に名前が出てくるぐらいの……。

藤原帰一守護霊　いちおう、「藤原君」と言ってくるからねえ。そう言ったってね。

小林　（笑）

藤原帰一守護霊　だから、そのへんはちょっとねえ。
　まあ、大川隆法さんは、このへんの事情をよく知ってるんじゃないの？　やっぱり、ステップアウトでもして、ほかのところで実戦力を、実戦部隊を持ってなければ、そういう自由な発言ってのはできるもんでないからねえ。

「学問は後追いなので駄目《だめ》だ」と言い切る

小林　そうすると、例えば、次善の策として、積極的に自分のほうからメッセージ発信をするなど、そういうかたちでイニシアチブを取るということが仮になくても、パッシブといいますか、やや受け身的ではありながら、お国のために、あるいは、日本国民のために、その方向をサポートするという選択も十分ありえるかと思うんですが。
藤原帰一守護霊　だからなあ、君らのところの東大の卒業生も、なんか、法学部の政治学科ばっかり（幸福の科学に）行ってるらしいけどさあ。なあ？

立木　ええ。

藤原帰一守護霊　みんな、俺《おれ》のところに来ないで、こっち（幸福の科学）に教わりに来てんだろうが。まあ、だいたい分かるよ（質問者の立木は東大法学部第三類〔政治コース〕卒）。

立木　いえいえ……。

藤原帰一守護霊　ああ、それはよう分かるよ。頭のいい人ほどそうなるから、必ず。

立木　二十数年前、「東南アジアの政治」を教えてくださいまして、本当にありがとうございました。

藤原帰一守護霊　どうせ、俺たちの話なんか聴《き》いても、半分寝《ね》てて大丈夫《だいじょうぶ》だからね。

立木　いえいえ。

藤原帰一守護霊　まあ、ここみたいに結論に満ちてたら、油断も隙《すき》もないけども、結論がない授業なんて、もう、出ようが出まいが、寝てても、どうでも（単位が）取れるからねえ。

いや、学問はねえ、後追いだよ。もう、はっきり言って駄目《だめ》だね。はっきり言って駄目だわ。

10　幸福の科学大学への「期待」

メディアに操作される「学問の不自由」を感じている

藤原帰一守護霊　君ら、大学をつくるんだって？　まあ、面白《おもしろ》いんじゃないですか。ものすごく勇気のある、先端《せんたん》的な議論を展開なされたら、ほかのところが、もうかすんで見えて、何言っても構わなくなるかもしれないから。いいんじゃない？　すごくいいと思う。賛成だね。

綾織　当会の大学関係の書籍《しょせき》もお送りしているかと思いますが、幸福の科学大学では、「未来創造学」というかたちで、新しい時代の政治学や国際政治学をつくろうとしています。それについてはどのように見えますか。

藤原帰一守護霊　さあ。うーん、私も、社会的な立場があるから、やっぱり、非常に言いにくいんだけどさあ。

まあ、大川隆法さんっていう人は、はっきり言えば、恩師たちを〝ぶった斬《ぎ》ってる〟人ですからね。ぶった斬ってるから、礼儀《れいぎ》も何もあったもんじゃないよね。

綾織　いや、そんなことはありませんけれども。

藤原帰一守護霊　学費が安かったから、あの当時は、どうでもよかったのかもしれないけどさあ。今、高くなってるので、みんな、おとなしく聴《き》かなきゃいけないんだけどね。

いやあ、「学問の自由」じゃなく、「学問の不自由」は感じてるよ、ちゃーんと。感じてる。

やっぱり、メディアに操作されることがあるからさあ。極端《きょくたん》な意見を言うと、乗せられて、うまく利用されるんでねえ。そのへんは、学問の「中立性」とか「独自性」

を維持《いじ》できないところがあるんで、極端な意見を言うと、うまく利用されてしまう。まあ、政治家の失言みたいなのは、すぐ追及《ついきゅう》されるでしょう？　あれと同じ。あるいは、有名人が失言を追及されるのと同じように、学者だって、そうやって、藤原帰一署名で極端な意見を吐《は》いたら、あとで責任追及を必ずやりよるからさあ。追い落としをかけてくるんで、ほんと、嫌《いや》な世界、社会だなと思う。

大川隆法さんに限っては、もう、〝透明人間《とうめいにんげん》〟じゃない？　みんな、読んだり、聞いたりしてるけど、何を言ってもシーンとしてるよ。まるでお葬式《そうしき》みたいに。宗教に似つかわしいお葬式みたいにだまーってる。

賛成かも反対かも分からない。だまーっていて、水面下で、誰《だれ》がどう動いてるかを、ずーっと見てるだけ。真っ暗な闇《やみ》のなかで、下でカニが動いてるみたいな感じで動いてるんだよねえ。非常に不思議な世界が、今、展開してるんだよ。

でも、われわれも影響《えいきょう》は受けてるよ、はっきり言ってね。

「勇気がないと学問の自由は確保できない」と教えるべき

綾織　そうなると、先ほどの「見ているだけ」ということではなくて、「結果的には、そういう方向に動いている」というのは間違《まちが》いないと思うのですが、大学にも、東大にも、メディアにも、実際には、「言論の自由がない」という状態であるわけですね？

藤原帰一守護霊　ないよ。まあ、新聞社だって、ほんとはないでしょ？　誰がほんとに意思決定してるか、はっきり分からないわね（笑）。

綾織　そうですね。

藤原帰一守護霊　はっきり分からないよ。だから、「上の誰かが、怒《おこ》ったりするかもしれない」とか、「遠慮《えんりょ》したり」とか、そういうことがあるから。

朝日だって、振《ふ》り子みたいに揺《ゆ》れてるでしょ？　だから、日によって、意見がこんなになって（振り子のように手を振る）揺れたり、同じ日の紙面で違うことを書いてることもあるから。そのくらい、ちょっと掌握《しょうあく》力が落ちているのは事実だねえ。

綾織　その意味では、大学を例に取ってみれば、「学問の自由がない」ということになると、新しい学問、あるいは世の中に何かしら役立てるような学問は生まれてこないのではないでしょうか。

藤原帰一守護霊　自由がないわけじゃないと思うんだが、「勇気の育て方を大学で教えてくれてない」っていうことだろうね。
だから、君たちの大学でそれを教えたらいいよ。やっぱり、「勇気がないと、学問の自由は確保できない」っていうことを、もうちょっと教えないと。現状維持に走ると、勇気はなくなるから。
だいたい、〝百年もの〟の大学は、みんなそうなってるから。現状維持に走ってるからさあ。みんな、定年まで勤めて、名誉《めいよ》教授になれるのを夢見て、なるべく年金制度に入れることを考えてるからさあ。

まあ、自由な言論を言ってるのは、君らぐらいだよ、ほんと。

綾織　その意味で、幸福の科学大学で学ぶ内容というのは、大川総裁がかなりのリスクを取っておっしゃっていることばかりですので……。

藤原帰一守護霊　だいたい、俺《おれ》の百倍か千倍ぐらい結論を言うてるでしょう？

綾織　そうですね。

藤原帰一守護霊　まあ、そういう意味では、こちら（幸福の科学）のほうを勉強しちゃうと、俺の授業なんか、もうバカバカしくて聴いてられないんじゃないかなあ、ほんと。

だから、どうせ、君らの信者や子弟《してい》が大学に入ってきて答案を読んだら、すぐ分かるんじゃないかと思う。たいてい俺の批判を最後に書いて終わりだろうと思うから。答案を見て、「ああ、これはそうだな」と、すぐ分かっちゃうかもしれないねえ。

だけど、それが多くなってきたら、やっぱり、「社会的な影響力が増している」と判断せざるをえないからなあ。

いや、これでもねえ、メディアに出て意見を言ってるだけでも、まだ、勇気はあるほうなんだよ。ほかの人と比べればね。

11 「ウクライナ問題」をどう見るか

クリミア侵攻《しんこう》で「アメリカは軍隊を送れない」という読み

立木　今まで、アジアのことを中心に論じていましたので、そういう意味で、非常にリスクがあったのかなと思います。
　最近の世界の動向では、ロシアによるウクライナのクリミアへの侵攻《しんこう》などがありますが、朝日新聞のコラム等では、まだあまり触《ふ》れられていないように思うんですけれども。

藤原帰一守護霊　難しいもんね。

立木　このへんについては、どのように思っていらっしゃいますか。

藤原帰一守護霊　いや、やっぱり、難しいよ。こういう現在進行形のやつは、どっちに転ぶか分かんないからねえ。やっぱり、難しい。

もし、特定の意見を言って、違《ちが》う方向に結論が動いていくと困るからさあ。とりあえずは、オバマさんが言って、EUのほうがそれに同調してきたら、ある程度、主流的な意見として便乗しながら、ちょっとずつ、自分のコメントみたいなのを挟《はさ》み込《こ》むぐらいしかできないのが事実だよねえ。

「プーチンは気でも狂《くる》ったか」っていうのが、基本論調でしょう？　だけど、だんだん、次第《しだい》に既成《きせい》事実が進んでいくと、諦《あきら》めモードになってくる。

だから、オバマさんが、「(ウクライナに)軍隊を送らない」と言った段階で、実は、もう終わったんだよね。

プーチンは、(アメリカが)軍隊を送れないのを、最初から分かってるんでね。このへんの読みは、やっぱりすごいなと思うし、「そうなるだろう」と最初から読んでた大川さんは、もっとすごいなあとは思うよ。

立木　そのあたりの国際政治の現実を見据《みす》えて、それをもとに藤原先生から日本のことに関し、いろいろと提言するとか、「日本として、どうすべきだ」という議論を……。

藤原帰一守護霊　いやあ、日本にはね、ウクライナは遠いんだよ。だからさあ、「北方領土が返るか、返らないか」しか関心がないんだよ、ほんと言うと。国民に受けるのは、それ以外にない。

プーチンの個人的資質が影響《えいきょう》するロシアは読み切れない

小林　日ロ関係に関してはいかがですか。

藤原帰一守護霊　日露《にちろ》?

小林　日本とロシアの関係に関しては……。

藤原帰一守護霊　ああ、日露戦争じゃなくてね。

小林　日ロ関係です。今のウクライナ問題の文脈のなかでの日ロ関係に関して。

藤原帰一守護霊　プーチンの個人的な資質に、かなり、今、影響《えいきょう》を受けてるんで、ロシアとして、国として、どの程度の継続性《けいぞく》があるかどうかがちょっと分からないし、読み切れないので。「どの程度まで、プーチンを信用するか」っていうところの信用限度の問題はあることはあるね。

だから、「プーチンなら、やってくれるかもしれない」と思っても、「プーチン以降はどうなるか」っていうところはあって、ロシアはまだ読み切れないね。そういう政争が、いつ、どのような感じで起きるか分からないので。

その意味では、リスクがありすぎだよね。これは、もうあれだねえ。やっぱり、評論家の受け持ちだよね。

米《べい》・ロ・中《ちゅう》との関係では「政治家的な判断」が必要

小林　ただ、構造的に見ますと、ロシアは、経済的には、どうしても日本から協力を得たい。それから、「中国は、ロシアにとっても非常に脅威《きょうい》だ」というマクロの構造があります。

藤原帰一守護霊　まあ、「脅威だ」とも言い切れないんだ。中国はロシアにとって脅威でもあるけど、アメリカが、もし、なんか悪さをするときには、協調、共闘《きょうとう》相手でもあるんだよな。

小林　バランスは取りつつではあるんですけれども、いちおう、ある種の潜在《せんざい》脅威として、中国が存在しているわけです。この大きな構造がある前提では、ある程度の読みは可能なのではないかと思うのですが、そういったあたりはいかがでしょうか。

藤原帰一守護霊　まあ、少なくとも、核《かく》武装してない日本にとってはですねえ、今はアメリカだけども、「どこかの核大国の庇護下《ひごか》にないかぎりは、身柄《みがら》の安全は確保できない」という感じで、国民の安全は確保できないのでね。

だから、「国際戦略」といっても、最終的には、どうしてもそういうことになるからねえ。

それで、「自分ら独自で、自分たちを守れるところまで行くか。この小さな国が大国の核攻撃《こうげき》を凌《しの》ぎ切ってでも、自分らの意見を通せるところまでやれるかどうか」っていうと、これは、そうとう強力な、ビスマルク並みの政治家が出てこないと、やれるもんじゃないでしょう。

そういう意味で、アメリカが頼《たよ》りになるうちは、アメリカの庇護を受けるべきだけど、「退《ひ》いていったときに、どうするか」っていうのは、実に難しい。

だから、その退き具合によって、どことどういう関係の程度にするか。（アメリカが）退いた分だけロシアと濃《こ》くするか、あるいは、中国との関係については、思い切って何か損を出してでも、関係修復に出るか。
まあ、そのへんは、まさしく、政治家的な判断が必要だろうね。

12　安倍《あべ》首相への驚《おどろ》きの「本心」

北朝鮮《きたちょうせん》に対する判断は「自衛権」より「警察権」に近い

小林　今、おっしゃったように、日本との同盟の組み方にはさまざまなものがあるのですけれども、国として、ある程度の自由度、独立性という長期的な視野で言いますと、「いろいろ組み方を考えつつも、基本的には自己防衛力を強化していくという方向に進むべきかどうか」という点に関してはいかがでございましょうか。

藤原帰一守護霊　いや、だから、今回はね、新聞なんかの扱《あつか》いも小さかったけどさあ。米韓《べいかん》が軍事演習をやっているときに、「北朝鮮《きたちょうせん》が日本海に三十発ぐらい短距離《たんきょり》ミサイルを撃《う》った」とかいうのが、ちょこっと載《の》ってたけど、たぶん、九十パーセントぐらいの日本人は、その記事さえ見落としてるんじゃないかと思うけどね（注。さらに、この霊言《れいげん》収録の当日、北朝鮮は中距離弾道《だんどう》ミサイル二発を日本海に向けて発射し、大きく報道された）。

昔であれば、三十発も撃ったら、かなり大きな話だけど、扱いが小さくなった。やっぱり、マスコミ自身がその影響力《えいきょうりょく》を小さくしようとしてる、あるいはそういう力が働いてると思うんだよね。あちらの脅威《きょうい》を大きく見せすぎると、やっぱり、安倍《あべ》政権に加担する可能性もあるので、できるだけ無視しようとしてる面もあるし、「朝鮮半島との関係をこれ以上悪くしちゃいけない」ということもあって、小さくしてるところもあるんだろうと思うけども。

まあ、正直言って、ああいうふうな、「いつでも攻撃《こうげき》できるんだぞ」みたいなことを言って、ヤクザ並みに、一生懸命《いっしょうけんめい》にハンマーを振《ふ》り回してるような状況《じょうきょう》ですからねえ。

やっぱり、自衛権っていうより、警察権に近いようなもんだよね。警察権力に近いと思われるけども、ほとんど「正当防衛権」だよね。これはもう、軍事行動というよりは、正当防衛の範囲《はんい》内なので、警察権力の内容にやや近いぐらいの判断です。

小林　そうしますと、その議論の延長線上で、北朝鮮の拉致《らち》問題に関してはいかがでしょうか。

藤原帰一守護霊　いやあ、それはもう、時間もかなりたったんで、言うだけ野暮《やぼ》かもしれない。うーん、拉致された人々には申し訳ないと思うけども、これは、もう、「あなたがたが正義を愛するのか、事なかれ的平和を愛するのか」という決断をしなければいけないんであって、「百人ぐらいのために事を荒立《あらだ》てて、ワアワア言われるよりは現状維持《いじ》のほうがいい」っていうのが強いならば、何も解決しないでしょうね。

「強い政治家」がいれば北朝鮮《きたちょうせん》に特殊《とくしゅ》部隊を派遣《はけん》できる

立木　今おっしゃった自衛権や警察権というのは、結局、「日本としては自衛隊が出動せよ」というように解釈《かいしゃく》してよろしいですか。

藤原帰一守護霊　まあ、海上保安庁では、何もできるわけないわねえ。はっきり言やあね。

立木　そうしますと、要するに、「北朝鮮《きたちょうせん》の金正恩《キムジョンウン》体制を打倒《だとう》するために自衛隊が出動する」ということを正当化されるわけですね？

藤原帰一守護霊　だから、それは、強い政治家がいればね。

「アメリカの海兵隊がグアムに退《ひ》いていく」とかいうんだったら、やっぱり、日本も、それを補完する部分、海兵隊的機能を持った自衛隊の部分をちゃんと補塡《ほてん》するというようなことを決められるだけの政治家がいたほうが、本当だろうね。

ただ、それに対しては、中国、韓国、北朝鮮とも罵倒《ばとう》し続けるでしょうから、それをＮＨＫだとか、朝日新聞、テレビ朝日等が、ワアワアと報道し続けるなかで、その政権を維持しながらやれるかどうかっていう問題は出てくるわね。

小林　まさにそのテーマで、先日、某《ぼう》新聞が、自衛隊のなかにある特殊《とくしゅ》部隊の訓練内容のなかに、「北朝鮮を急襲《きゅうしゅう》して、拉致被害者《ひがいしゃ》を救出する」というプログラムがあると……。

藤原帰一守護霊　やってるよ。あれは、昔からあるよ。特殊部隊がね。

小林　ええ。その部隊があって、訓練内容も紹介《しょうかい》されていたんですけれども。

藤原帰一守護霊　千葉で練習してるよ。千葉の山のなかにパラシュートで降りて、一週間、こうやって（両腕《りょううで》を振《ふ》ったり、食べるふりをしたりする）生存《せいぞん》しながら、訓練をやってるから。朝鮮半島の山のなかにパラシュートで落とされて、そこへ救出に行く訓練をやってるよ。

小林　ですから、その状況のなかで、時の政治家の判断、決断さえあれば、その部隊は、実は派遣《はけん》できる状況に極《きわ》めて近いところにあり、準備はできているとも言えます。

藤原帰一守護霊　だけど、成功するかどうか分からないよ。成功しなかった場合の代償《だいしょう》はあるから、政治家は、クビがかかってるからね。もちろん。成功した場合は拍手喝采《はくしゅかっさい》だけど、失敗した場合、「行った人は、全滅《ぜんめつ》でした」といった場合には責任が出るからね。いちおうね。

「安倍《あべ》首相に急場を乗り切る力があるか」という懸念《けねん》

小林　先ほどのコメントでは、「そういう政治家が出てきて、必要があればやるべきだ」というふうに伺《うかが》えたのですが、本心でそのように考えておられると理解してよろしいでしょうか。

藤原帰一守護霊　まあ、「マスコミの説得」と、「外国の悪口に対する説得」をやってのけるだけの政治家っていうのは……、すごく勢いがあって強かったときの、昔の小《お》沢一郎《ざわいちろう》なんか、そういうふうな政治家になるのかなあって、期待をさせた面もあったよね。

それが、あんなふうなかたちで、大局的な判断でどんどん敗退していって、もう、政治家でいるのが不思議なぐらいの存在になっちゃったよね。四十七で幹事長をやったころは、「その程度の政治家になるんかなあ」と見えた面もあったんだけどねえ。

安倍《あべ》さんは、実際は、どうなのかは分からないけども、やや坊《ぼっ》ちゃん育ちのようには見える。やってることが、何て言うか、自分の人柄《ひとがら》やバックグラウンドに比して強すぎるような感じはするので。「本当の急場《きゅうば》のときに乗り切れるだけの力があるんだろうか。また、下痢《げり》をして終わりになるんじゃないか」っていう心配があることはあるんで、それに、乗っかっていいのかどうか……。

綾織　面白《おもしろ》いですね。最初、「懸念《けねん》」とおっしゃっていましたけれども……。

藤原帰一守護霊　懸念があります。

綾織　（笑）本当は、そちらのほうの懸念なんですね？

藤原帰一守護霊　「お腹《なか》を壊《こわ》す懸念」がありますからね。いざというときの判断にな
って、お腹を壊して入院されたら終わりですからねえ。どうするんですか。あの法制
局長官みたいなのから……。

国民の責任として返ってくる「マスコミの判断の遅《おく》れ」

小林　そういう意味で、実は一定の洞察《どうさつ》を持っていらっしゃるといいますか、見識が
ありますね。

藤原帰一守護霊　まあ、それはね、君らが本をいっぱい送ってくるから、〝洗脳〟さ
れてますよ、かなりねえ。はっきり言えば。

でも、学問的には〝洗脳〟されてないように、頑張《がんば》らなきゃいけないからさあ。

小林　そうしますと、今の点に関する答えといいますか、あるべき姿としては、どのようにお考えでいらっしゃいますか。

藤原帰一守護霊　まあ、ある程度のリスクは冒《おか》さなきゃ、何も得ることはできないでしょうねえ。

そういう意味では、マスコミが共闘《きょうとう》して、何て言うか、君らの幸福実現党なんかに一議席も与《あた》えないで頑張ってるあたりを見れば、「まだ、それだけ突破《とっぱ》できるようなご時世ではない」っていうことは、客観的に分かる。

それがマスコミの判断の遅《おく》れによる、情勢分析《ぶんせき》の認識不足ということであれば、その認識不足および判断の遅れは、どこにかかってるかっていうと、最後は国民にはね返ってきて、国民自身の責任になってくるわね。

だから、アメリカが退いていくなかで、日本を守れなくなったら、「国民が集団自決を選んだ」としか言いようがないでしょうねえ。

やっぱり、国民の考え方が変わってくるか、変わってこないか。これが、今の時局を占《うらな》う考えだろうと思うけど、私自身には、実際にそれだけの力はないので、何とも言えませんけどね。

13 「こんな宗教は、面白《おもしろ》い」

「首相が日本の神社に行くのは勝手だ」という本心

立木　今のお言葉を伺《うかが》っていますと、安倍《あべ》首相が靖国参拝《やすくにさんぱい》したことについては、珍《めずら》しく明確に、「これは誤りだ（愚かな選択だった）」と書かれていたと思うんですが、そういう表面意識で言われていることと、ご本心で考えられていることには乖離《かいり》があると……。

藤原帰一守護霊　まあ、建前《たてまえ》上、それは誤りだけども、本心では、日本の神社に首相が行くのは勝手ですよ、そんなもんは（笑）。

立木　はい。おっしゃるとおりです。

藤原帰一守護霊　当たり前でしょ、そんなの。バカバカしい。そんなのは、いちおう、中国や韓国《かんこく》のご機嫌《きげん》取りでしょう？　お歳暮《せいぼ》、お中元のレベルですよ。そのくらいのことです。

まあ、「わざわざ挑発《ちょうはつ》した」っていうことで、向こうは怒《おこ》ってみせてるわけでしょ？　あれ、得意だからね、彼らはね。

綾織　今日は、かなり本音で語ってくださいました。

藤原帰一守護霊　日本だって、あのねえ、何だったら、毛沢東《もうたくとう》像でも、孔子《こうし》像でもつくってねえ、ハンマーで打ち壊《こわ》すところでも、テレビで流したらいいんですよ。その程度のね、激《げき》する国民性を見せんかったら、向こうも、全然、引かないですよ。

綾織　なるほど、それもありかもしれません。

民主党政権失敗後の十年で「保守系の言論」が息を吹《ふ》き返す

綾織　本心としては、実は、「左翼《さよく》的なところがない」ように見させていただきました。

藤原帰一守護霊　いやいや、あるよ、あるよ。左翼的なところもあるけど、もう、今は、「朝日系が敗れるのかなあ」っていう感じが出てきつつあるわね。

民主党政権の失敗は、彼らも、少なくても十年は堪《こた》えると思うから、やっぱり、その十年の間で、保守系の言論はそうとう吹《ふ》き返してくるだろうし、もう、今、息を吹き返してきてるよね。

でも、その中心にあるのは君たちだと思うよ。だから、「君たちの戦力がどこまで行くか」だわなあ。

まあ、ヒットラーを例に出すのは、たいへん申し訳ないとは思うけども、ヒットラーだって、最初は一議席も取れないような状態がちょっと続いていて、そのあと、ちょこっと議席が取れた。それで、最後の二回ぐらいでバババッと議席が取れて、あれだけの強権《きょうけん》が発動できたわけで。

まあ、（ナチスが）第五党だったときに、「あれは怖《こわ》い」と言ったのは、ドラッカーの見識だけどね。（幸福実現党が）一議席もない段階で、「君らが政権をとる」みたいな予言はちょっとできないから分からないけども、やっぱり、私は、ある程度、「公明党に代わるぐらいの力はあったほうが面白《おもしろ》いなあ」と思ってはいるよ。

そのほうが、最後のとき、安倍さんが下痢《げり》をしても、代わりができる力は出てくるからさあ。

綾織　ナチスのたとえの部分だけは少し問題が……。

藤原帰一守護霊　ああ、少々まずかったかなあ。

小林　麻生《あそう》さんみたいではありましたが。

藤原帰一守護霊　不調だった場合ね。安倍さんが不調を起こしても、人が代わったら、急にはできないとかね。

前の福田《ふくだ》（康夫《やすお》）さんみたいな人が出てきたとたんに、何もかもが元に戻《もど》っちゃうとかも困るし、あの石破《いしば》（茂《しげる》）さんだってさあ、ああやって、なんか軍事オタクみたいに聞こえつつも、実際に（首相に）なってみたら、何《なん》にもできない可能性は極《きわ》めて高いよね。言ってることを聞いてみると、用心深すぎるよね。まるで銀行員みたいだ。なんか、銀行員が融資《ゆうし》をためらってるような、そんな発言ばっかりじゃん。見てたらね。

公明党に関しては言葉を濁《にご》す藤原氏守護霊

小林　一点、お伺いしたいのですが、公明党に関してはいかがでしょうか。

藤原帰一守護霊　（舌打ち）まあ……（笑）。ここは難しいことを訊《き》くなあ。言いにくくいことを、いろいろ言わしてくれるなあ。

君らは、いちおう紳士《しんし》だから、献本《けんぽん》ぐらいしかしてこないけど、あそこは献本以上のことをするからねえ、気をつけないと……（笑）。発言には注意が必要です。君らは献本しかしないけど、あちらは、それ以上のことをしますので、私にはSPはつきませんから、気をつけないといけないと思います。

だから、まあ、はっきり言えば、宗教は宗教で〝けり〟をつけてくれよ。依頼《いらい》としてはそういうことです。

大学時代に感じていた「大川隆法の印象」

綾織　もう一点、お訊きしたいのですが、大川総裁と、ほぼ同年代ということで、直接的には分かりませんけれども、いろいろなエピソードも聞かれているかと思うのです。

先ほど、今の大川総裁に対し、「リスクを取る」とか「結論に満ちている」とかいったお話もありましたが、そういうのは、大学時代から、何か感じられるものがあったのでしょうか。当時の印象や、あるいは、その後に話を聞いて得た印象でもよいのですが、少しお教えいただければと思います。

藤原帰一守護霊　いやあ、もうお互《たが》い、〝手の内〟が分かってるから、そういうことについては、あんまり深く入りたくはないんだけどねえ。

うーん……（笑）。まあ、私たちの世界は、もう、「教授のご機嫌をどれだけ取れたか」だけの問題なので（笑）。

綾織　大川総裁の場合、そういうことはしなかったということでしょうね。

藤原帰一守護霊　うーん、まあ、大川さんはこういう人だから。独立不羈《どくりつふき》の人だから。教授の論でも、「間違《まちが》っている」と思ったら、カンラカラカラ笑ってしまう人だからね。

だから、そういう人は嫌《いや》だろうね、はっきり言やあねえ。自分の意見を押《お》し殺して、

「ああ、なるほど、そうでございますね」って言って、後ろで平気で舌をベロッと出してる人がかわいがられるだろうね。そういうことをやるよりは……。

まあ、成績ではどっちがいいかと言えば、分からないね。分からない〝あれ〟であろうとは思うけど、性格のところで、私のほうが都市部に育ったために、「柔軟《じゅうなん》に人の性格に合わすことができた」っていうことはあったかもしれませんねえ。

綾織　分かりました。

藤原帰一氏が持つ宗教的背景とは

綾織　今日、お話を伺いましたが、ご自分が守護霊だというご認識はあられるわけですね。

藤原帰一守護霊　それは、なかったら出てこられないでしょう？

綾織　はい、そうですね。

藤原帰一守護霊　なかったら出てこられないでしょう。ただ、別に、守護霊が存在することの証明が、私の役割じゃないだろうから。

まあ、名前から見てねえ、〝帰一《きいつ》〟しなきゃいけないわけだ。〝帰一《きいち》〟、やっぱり、「何の、一《いつ》なるものに帰依《きえ》するかは決めなきゃいけないな」と思ってはいるけどね。

綾織　そこは、ある意味で、宗教的な響《ひび》きにも聞こえるのですが、そういうご経験もされているのでしょうか。

藤原帰一守護霊　うーん、まあ、麻布《あざぶ》（学園）なんていうのは、創立者がクリスチャンでしたからねえ。

それで、政治家の子弟《してい》なんかも含《ふく》めて、問題児を集めて面倒《めんどう》を見てた、面倒見のいい学校だったもんで。そうした、キリスト教的な愛の精神みたいなものが底流には流れていて、奇人《きじん》変人を非常に許容する学校なんだよねえ。

だから、例えば、君らが選挙運動をやるだろう？　すると、ポスターを貼《は》るじゃないですか。まあ、大川隆法さんのポスターが貼られたときもあったけど、そうしたら、麻布の食堂にも、ちゃんと大川隆法さんのポスターが貼られるぐらいの、そのくらいの〝悪《わる》さ〟は平気でする学校なんですよ、あそこは。

綾織　悪さではないかもしれませんよ（笑）。

藤原帰一守護霊　いや、剝《は》がしちゃいけないでしょうよ。

綾織　あ、そうです（笑）。

藤原帰一守護霊　選挙ポスターを剝がしたら罪に当たるでしょう？

綾織　ああ、「外に貼られているポスターを剝がしてきて、学校に持ってきた」ということですね。

藤原帰一守護霊　生徒が剝がして、それを食堂に堂々と貼って、みんなで笑いながら、別にいじめるわけでもなく、喜んでるような学校なんだからさ。

綾織　それはよくないですね（苦笑）。

藤原帰一守護霊　そんな学校だから、いろんな人間がいて構わないとは思ってるのよ。

幸福の科学は「国際政治を説く面白《おもしろ》い宗教」

藤原帰一守護霊　実際は、霊界《れいかい》があろうがなかろうが、そんなものは……、まあ、私から言うと、あろうがなかろうが、どうでもいいわけではないんだけれども、いろんな人間がいていいと思ってるので、極端《きょくたん》な決めつけをする気はまったくないし、宗教的精神も、いちおう影響《えいきょう》を受けてはいるから、分からんわけでもない。
だから、君らに期待してないわけでもない。今、日本に、こんな宗教は（ほかには）
ないわね。だから、すごい珍《めずら》しい。

綾織　日本だけではないですね。世界でもそうだと思います。

藤原帰一守護霊　ええ。何て言うか、宗教を使って国際政治を説く宗教？　まあ、面《おも》
白《しろ》い。
ただ、宗教には、もともと国際政治性があるけどね。キリスト教もイスラム教も、
大きくなったら、みんなそういう面は当然出てくるけども、もう、その前の段階で、
そういうものが理論的に出てくるっていうところが面白いよね。
「学者が説くよりも、宗教家が説くほうが理論性がある」なんていうのは、まこと
珍しいことではある。
だから、今、この宗教が、学問を〝呑《の》み込《こ》もう〟としてるような感じに見えなくは

ないねえ。まあ、その場合は、潔《いさぎよ》く、タコに食われるように食べられるつもりではいるけどね。

綾織　いろいろなかたちでサポートいただければと思います。

「日本のサブカルチャー」になりつつある霊言《れいげん》

藤原帰一守護霊　でも、日本社会もだんだんと……。何だっけ、あの、割烹着《かっぽうぎ》の、あの〝リケジョ〟(理系女子)。

綾織　はい。小保方晴子《おぼかたはるこ》さんです。

藤原帰一守護霊　小保方さんが、STAP《スタップ》細胞《さいぼう》を発表して、(マスコミ等に)〝撃《う》ち落とされる〟までにかかった時間は、どのくらいだったた? 一カ月ぐらいだったか……。

綾織　そうですねえ、一カ月ちょっと……。

藤原帰一守護霊　一カ月ぐらいで〝撃ち落とされた〟でしょ？（注。二〇一四年一月二十八日、小保方晴子氏が主導した研究により、体のさまざまな細胞になる新たな万《ばん》能《のう》細胞「ＳＴＡＰ細胞」の開発に成功したと発表されたが、その後、論文に対する疑義が取り沙汰《ざた》され、二月十七日には理化学研究所による調査が開始された）

それで、この霊言集《れいげんしゅう》なるものは、もう何年も出し続けてて、すべてのマスコミはみんな、目を通してるはずで、テレビから週刊誌、新聞まで目を通してるはずなのに〝撃ち落とせない〟でいるし、天声人語《てんせいじんご》のなかに安倍さんの過去世《かこぜ》が登場したりするぐらいの〝あれ〟ですから。

こういう、「日本のサブカルチャー」になりつつあるっていうの？　サブカルチャーになりつつあるので、今、みんなが、そのサブカルチャーが表に出てくる時間を計ってるところだね。

だから、「秋葉原《あきはばら》で流行《はや》ったサブカルチャーが、日本の表のカルチャーになってくるまでにどのくらいかかるか」というような感じ？

ＡＫＢ48が、「秋葉原で生で見られる」っていうところから、紅白に出てくるまでの時間を計るのと同じように、「君たちが表に出てくるまでにどの程度かかるか」というあたりを、みんな、目測《もくそく》で測《はか》ってるところだね。はっきり言ってね。

14

藤原教授の「過去世《かこぜ》」は？

東大看板教授として過去世《かこぜ》を明かすことに戸惑《とまど》いを見せる

綾織　最後に、もし、何か、明かされてもいいような過去世《かこぜ》のご経験があれば、お教えいただきたいのですが。

藤原帰一守護霊　ああー……（ため息）。

綾織　特段、なければ……。

藤原帰一守護霊　まあ、そんなに興味はないでしょ、こういう人は。

さっき、「東南アジアの文化人類学をやってた」って、なんか言われたねえ。

じゃあ、「ジャワ原人《げんじん》か何かだった」っていうことだったらよろしいんじゃないかな。え？　そんなところでどうだい？　駄目《だめ》か。

綾織　「何かアピールしたいものがあれば」という感じではあるのですが。特別にはないですか。

藤原帰一守護霊　アピールしたいって……。まあ、宗教で名前を売ってもしょうがないからねえ。そんな……。

綾織　（霊言集《れいげんしゅう》は）いろいろな人が読まれているので、それは分からないと思います。

藤原帰一守護霊　うん、まあ、うーん。東大の、世界の大学のランキングに影響《えいきょう》するから、発言には注意しないといけないので。「看板教授がこのレベルか」って言われると、ちょっと問題があるから。

綾織　なるほど。では、特段なければ……。

藤原帰一守護霊　そのへんは、ちょっと、見栄《みえ》を張るべきか、正直であるべきか、若《じゃっ》干《かん》、考えるところがあるからね。

立木　まったく違《ちが》う角度からなのですが、先生個人としての証明性というところで、奥様《おくさま》も同じく、国際政治の教授をされていると思います。

このあたりのご夫婦《ふうふ》の関係や、あるいは、その魂《たましい》的な関係などについて、今、ご本心としておありでしょうか。

藤原帰一守護霊　うーん。まあ、それはプライバシーだから、そういうことは、あんまり活字にするような内容ではないんじゃないでしょうか。

立木　そうですか。はい。

藤原帰一守護霊　うん。やっぱり、私はそう思いますけどねえ。そういうことは、あんまり関係ないんじゃないですかね。

江戸《えど》時代の日本に「儒教《じゅきょう》の流れを汲《く》んだ学者」として生まれた

小林　やはり、過去世でも学者さんでいらっしゃった？

藤原帰一守護霊　いやあ、うん……。ここ、しつこいね？　そのへんねえ。やっぱり、そうとう……（会場笑）。そうとうしつこいですね。

まあ、これは、信じる人にとっては大事なことで、信じない人にとってはどうでもいいことだけども、いずれにしても、（過去世を）学者とかで出してくると、「信じる、信じない」の枠《わく》を超《こ》えて、「嫉妬《しっと》する対象か、そうでないか」っていう分類は当然出てくるから。まあ、要注意ではありますねえ。

小林　ということは、やはり、過去世でも、そういうところでご活躍《かつやく》されたということでしょうか。

藤原帰一守護霊　まあ、どうでもいいあたりの学者ですけどね。うん、どうでもいいぐらいの学者で……。

小林　やはり、「経世治国《けいせいちこく》の学」といいますか、そういう「天下国家の学問」をされていたという……。

藤原帰一守護霊　まあ、いちおう、今の専攻《せんこう》から見ても分かるように、国はね、幾《いく》つか経験してると思いますよ。

もちろん、日本人に生まれたこともあって、江戸《えど》時代あたりは、学問もかなり発達しておりましたからねえ。

そういう意味での学問方《がくもんがた》というか、「昌平黌《しょうへいこう》」みたいなところで教えたりしてたことはあります。若干、「儒教《じゅきょう》」の変化形っていうか、「朱子学《しゅし》」が正統派ではあったけど、そちらのほうで教えたりしたことはある。

小林　儒教の家系といいますと、やはり、林家《はやし》とか、その……。

綾織　藤原姓《ふじわらせい》だったりします？

藤原帰一守護霊　（笑）

綾織　さすがに、そこまでは……。

藤原帰一守護霊　そこまでこだわる必要はないとは……（笑）。それを言ったら偉《えら》い人が出てくるから、そこまで言う気はないですけど。

まあ、東大の前身《ぜんしん》みたいなところで、やや、江戸時代の学問としての、「儒教の流れ」のようなのを教えた過去世はある。まあ、しゃべってる本人（守護霊）がそうですけども。

ヨーロッパでの過去世は「知的議論をするような画家」

藤原帰一守護霊　それ以外には、もちろん、中国に生まれたことも、ヨーロッパに生まれたこともあります。

小林　ヨーロッパもですか。

藤原帰一守護霊　ああ、あります。そういう意味では、当然ありますけどねえ。

小林　ヨーロッパのほう（の過去世）も政治系ですか。それとも……。

藤原帰一守護霊　うーん……、そうではないかもしれないなあ。

小林　そうですよね。何か、非常に宗教的タッチといいますか、そういう感じがしないでもないですし、先ほど、キリスト教についてもおっしゃっていたので、もしかしたら、ヨーロッパの、例えば修道院など……。

藤原帰一守護霊　そこまではいかない。

小林　そこまではいっていないですか。

藤原帰一守護霊　文化人みたいな感じかなあ。

小林　文化人のほうで。

藤原帰一守護霊　うん。そのくらいでは出たことがあるけどねえ。ルネサンスあたりのところのね。

小林　ルネサンスのころですか。

藤原帰一守護霊　文化人ぐらいで出たことはある。

小林　ああ、では、イタリアのあたりとかですか。

藤原帰一守護霊　まあ、そのへんかな。

小林　はあ。

藤原帰一守護霊　だから、そう大したことはないですよ。私だって、退官したら、すぐに忘れられるんだから。そんな大したもんじゃないんです。今だから出てるだけで、退官したら、すぐ、もう「バイバイ」（顔の前で手を振《ふ》る）ってなるんで。

大川隆法さんの名前は不滅《ふめつ》ですよ、千年経《た》ってもね。私の「藤原帰一」という名前が、千年経っても遺《のこ》っているとしたら、「もし、この（霊言の）本が遺っていれば」というだけのことでしょうね。

小林　ええ。遺ると思います。

藤原帰一守護霊　遺るかな？　フフフフ。

小林　では、フィレンツェのあたりですかね？

藤原帰一守護霊　細かいね。

小林　（笑）（会場笑）すみません。ファンが多いので（笑）。

藤原帰一守護霊　ファンが多い？　ほーう。……なかなか言うたな？　あなたもよく出てるから、ファンが多いんじゃないですか。

小林　いや、ルネサンスの文化人といいますと、やはり、フィレンツェ中心かと思うのですが。

藤原帰一守護霊　うーん。どっちかというと、風貌《ふうぼう》で見て分かるとは思うけども、まあ、画家なんかの仲間で、画家をやりながら、もうちょっと知的議論なんかもやってるような。サロンみたいなのが好きな、そんな〝あれ〟だったかねえ。

小林　では、プラトン・アカデミーか何かのあたりの……。

藤原帰一守護霊　うーん、さあ、どうかな？　それは分からないけども。

小林　はい……。

藤原帰一守護霊　まあ、大したことないから。一枚、何億円とか何十億円とかで売れるような絵を描《か》いた覚《おぼ》えはないから、気にしないでいいよ。

立木　そのあたりの、絵を描かれていたところが、やはり、今の、「映画」が非常にお好きであるというようなところに影響しているのでしょうか。

藤原帰一守護霊　うん、まあ、細かく出てきたな。やっぱり、「プライバシーは公表しない」っていうことです。

立木　失礼しました。

●映画が好き　藤原氏は映画通としても知られ、映画に関する著作もあるほか、「毎日新聞」日曜版に「藤原帰一の映画愛」を連載中である。

後漢《ごかん》の時代には「帝王学《ていおう》の確立」に関与《かんよ》した

小林　先ほどは、「中国にも生まれたことがある」ともおっしゃいましたが、この際なので、時代だけでも少しお教えいただけますと……。

藤原帰一守護霊　うーん……。まあ……、後漢《ごかん》の時代かなあ……。後漢かなあ。

立木　三国志《さんごくし》に絡《から》むところですか。

小林　後漢だから、後半ですよね。

藤原帰一守護霊　後漢ですから……。前漢《ぜんかん》と後漢がありますので、後漢のころで、ちょっと……。そうだねえ、まあ、「帝王学《ていおう》の確立なんかに少し関係があった」というあたりかなあ。

立木　では、光武帝《こうぶてい》と、何かご縁《えん》があったとかは……。

藤原帰一守護霊　まあ、そのあたりのサロン……。サロンって言っていいかどうか分かんないけど（笑）、学者サロンのなかにはいたかもしれないねえ。

綾織　はい。ありがとうございます。

最後に「幸福の科学への期待」を込《こ》めたエールを送る

藤原帰一守護霊　こんなんでいいのかねえ？　なんか、内容あったかねえ？　内容あったかなあ？

綾織　「危機の時代の国際政治」という意味では、非常に参考になりました。

立木　かなり本音のところを語っていただきましたので。

藤原帰一守護霊　「危機の時代の国際政治」について、私、何か発信しましたっけ？何だか同じようなことばっかり訊《き》かれたような気もするんだがな。

小林　いえいえ、藤原帰一教授のご発言としては、非常に衝撃《しょうげき》的、かつ、付加価値の高い……。

藤原帰一守護霊　危機、危機。私が危機に陥《おちい》る発言（会場笑）。私が危機に陥って、朝日新聞の危機に陥る……。

小林　いえいえ。そうはおっしゃいつつも、微妙《びみょう》に、上手にバランスを取られながら、リスクを取られたと思いますので、そこはお見事だったと思います。

藤原帰一守護霊　ああ、そうですかあ。
いやあ、でも、私らは学問であるから、宗教と一緒《いっしょ》になってはならないものだとは思いますけども、同窓《どうそう》の者として、あるいは、同年輩《ねんぱい》の者として、やはり、大川隆法さんが活躍しておられるっていうことは、非常に心強く思っています。
大川さんの友達だという人も、私の友人にはいて、私は坂本《さかもと》ゼミでしたけども、やっぱり、「篠原《しのはら》ゼミでウルトラA級の人だった」ということは伺《うかが》っております。そうとう見識の高い方ではあったらしいけども、「不幸にして、特殊《とくしゅ》な能力に恵《めぐ》まれて、運命の導きで違ったルートに迷い込《こ》んでいかれた」というようなことを言っていましたねえ。

綾織　不幸ではないんです。

藤原帰一守護霊　ええ、そうですかあ。
あと、ちょっと、友人からの弁としては、「自分のせいで悪いことをした」っていうようなことも、チラッと聞いたことがございますけどねえ。「自分が大学に残りたいと思っていたので、大川さんのほうが身を引いた」っていうようなことも、ちょっと聞いてはいるので。

まあ、そのへんは、私にはよく分からないんだけども、あるいは、それは身を引いたんではなくて、「宗教的な目覚め」があって、そちらのほうに行ったのかも分からないとは思うんですけどねえ（『太陽の法』『政治の理想について』〔共に幸福の科学出版刊〕参照）。

まあ、でも、結局は、ある意味、今、同じような仕事を、一部だろうけれどもやってくれてるんだろうし、やっぱり、今、国際政治にとっては、「予言者」のごとく先を見通すことが、ものすごく大事なことではあるので。日本からであろうと、どこからであろうと、「先を見通せる人」がいたら、たぶん、その人の意見が世界を引っ張ることになるだろうね。

だから、今後、非常に楽しみにしてます。どうか頑張《がんば》って「常識」を引っ繰《く》り返してください。まあ、期待してますよ。うん。

綾織　はい。ありがとうございます。

藤原帰一守護霊　はい。

立木　長時間ありがとうございました。

今後、注目度が上がり、発言力を増すかもしれない藤原氏

大川隆法　（手を二回叩《たた》く）（藤原帰一守護霊に）お出《い》でいただきまして、ありがとうございました。

テレ朝（テレビ朝日）の「報道ステーション」に出るよりは少しリスクがあったかもしれませんが、「やられたか」と思って諦《あきら》めるのも早いだろうと思います。

最近は、当会から守護霊霊言が出ると、その人にとって「一流の証明」になることもけっこう多いのです。「守護霊が呼ばれる」ということは「一流の証明」であり、

「世間《せけん》に影響力がある」と認めたことになる場合が多いし、週刊誌では、当会がやったことを後追いで記事にしていくことも多くなってきているので、注目度が上がり、かえって発言力を増すかもしれません。そのように期待しておきたいと思います。

質問者一同　ありがとうございました。

あとがき

もう学者が過去の分析ばかりしていてもしょうがないのだ。国際政治は現実に大きく回転しており、日本がとるべき外交針路はきわめて重要だ。リスクをおそれず、勇気をもって、日本のあるべき国際政治外交をさし示すことが大事である。

もうすぐオバマ大統領も来日する。この「優柔不断男」に日中韓の解決はまかせられるのか。ウクライナ問題でのロシアへの制裁はどこまで同調すべきなのか。ヘーゲル国防長官は信頼できるのか。尖閣で武力衝突が起き、琉球独立運動に裏から中国政府が手を回している時に、集団的自衛権、憲法九条改正、自主防衛はどうあるべきなのか。ぜひとも東大の国際政治学の教授から明確な意見が述べられることを、国民も待ち望んでいることだろう。

本書がいい意味での誘《さそ》い水になることを祈ってやまない。

二〇一四年　四月十六日

幸福《こうふく》の科学《かがく》グループ創始者兼総裁《そうししゃけんそうさい》　大川隆法《おおかわりゅうほう》

『危機の時代の国際政治』 大川隆法著作関連書籍

『太陽の法』（幸福の科学出版刊）
『政治の理想について』（同右）
『「忍耐の時代」の外交戦略 チャーチルの霊言』（同右）
『従軍慰安婦問題と南京大虐殺は本当か？』（同右）
『スピリチュアル政治学要論』（同右）
『「特定秘密保護法」をどう考えるべきか』（同右）
『朝日新聞はまだ反日か』（同右）
『守護霊インタビュー
　駐日アメリカ大使キャロライン・ケネディ 日米の新たな架け橋』（同右）
『クローズアップ国谷裕子キャスター』（同右）
『憲法改正への異次元発想』（幸福実現党刊）

『篠原一東大名誉教授「市民の政治学」その後』（同右）

危機《きき》の時代《じだい》の国際政治《こくさいせいじ》
——藤原帰一 東大教授 守護霊インタビュー——

2014年4月24日　初版第1刷

著　者　大《おお》川《かわ》隆《りゅう》法《ほう》

発行所　幸福の科学出版株式会社
〒107-0052 東京都港区赤坂2丁目10番14号
TEL(03)5573-7700
http://www.irhpress.co.jp/

印刷・製本　株式会社 堀内印刷所

落丁・乱丁本はおとりかえいたします

ISBN978-4-86395-457-1 C0030

大川隆法霊言シリーズ・東大法学部の権威に訊く

憲法改正への異次元発想

憲法学者NOW・
芦部信喜 元東大教授の霊言

憲法九条改正、天皇制、政教分離、そして靖国問題……。参院選最大の争点「憲法改正」について、憲法学の権威が、天上界から現在の見解を語る。
【幸福実現党刊】

1,400円

「特定秘密保護法」をどう考えるべきか

藤木英雄・元東大法学部教授の
緊急スピリチュアルメッセージ

戦争の抑止力として、絶対、この法律は必要だ! 世論を揺るがす「特定秘密保護法案」の是非を、刑法学の大家が天上界から〝特別講義〟。

1,400円

舛添要一のスピリチュアル「現代政治分析」入門
──守護霊インタビュー──

国政、外交、国際政治──。国際政治学者・舛添要一氏の守護霊が語る現代政治の課題と解決策。鋭い分析と高い見識が明らかに!

1,400円

幸福の科学出版

大川隆法 霊言シリーズ・最新刊

プーチン大統領の 新・守護霊メッセージ

独裁者か? 新時代のリーダーか? ウクライナ問題の真相、アメリカの矛盾と限界、日ロ関係の未来など、プーチン大統領の驚くべき本心が語られる。

1,400円

オバマ大統領の 新・守護霊メッセージ

英語霊言 日本語訳付き

日中韓問題、TPP交渉、ウクライナ問題、安倍首相への要望……。来日直前のオバマ大統領の本音に迫った、緊急守護霊インタビュー!

1,400円

「嫉妬・老害・ノーベル賞の三角関数」
守護霊を認めない理研・野依良治理事長の守護霊による、STAP細胞潰し霊言

されど「事実」は時に科学者の「真実」を超える

大切なのは年功序列と学閥? 理研・野依理事長の守護霊が語った、小保方氏の「STAP細胞」を認められない「理研のお家事情」とは。

1,400円

※表示価格は本体価格(税別)です。

大川隆法 ベストセラーズ・未来への進むべき道を指し示す

忍耐の法

「常識」を逆転させるために

第１章　スランプの乗り切り方
――運勢を好転させたいあなたへ

第２章　試練に打ち克つ
――後悔しない人生を生き切るために

第３章　徳の発生について
――私心を去って「天命」に生きる

第４章　敗れざる者
――この世での勝ち負けを超える生き方

第５章　常識の逆転
――新しい時代を拓く「真理」の力

2,000円

法シリーズ第20作

人生のあらゆる苦難を乗り越え、夢や志を実現させる方法が、この一冊に――。混迷の現代を生きるすべての人に贈る待望の「法シリーズ」第20作！

「正しき心の探究」の大切さ

靖国参拝批判、中・韓・米の歴史認識……。「真実の歴史観」と「神の正義」とは何かを示し、日本に立ちはだかる問題を解決する、2014年新春提言。

1,500円

幸福の科学出版

大川隆法ベストセラーズ・「幸福の科学大学」が目指すもの

新しき大学の理念

「幸福の科学大学」がめざす
ニュー・フロンティア

2015年、開学予定の「幸福の科学大学」。日本の大学教育に新風を吹き込む「新時代の教育理念」とは？ 創立者・大川隆法が、そのビジョンを語る。

1,400円

「経営成功学」とは何か

百戦百勝の新しい経営学

経営者を育てない日本の経営学!? アメリカをダメにしたMBA──!? 幸福の科学大学の「経営成功学」に託された経営哲学のニュー・フロンティアとは。

1,500円

「人間幸福学」とは何か

人類の幸福を探究する新学問

「人間の幸福」という観点から、あらゆる学問を再検証し、再構築する──。数千年の未来に向けて開かれていく学問の源流がここにある。

1,500円

「未来産業学」とは何か

未来文明の源流を創造する

新しい産業への挑戦──「ありえない」を、「ありうる」に変える！ 未来文明の源流となる分野を研究し、人類の進化とユートピア建設を目指す。

1,500円

※表示価格は本体価格（税別）です。

幸福の科学グループのご案内

宗教、教育、政治、出版などの活動を通じて、地球的ユートピアの実現を目指しています。

宗教法人　幸福の科学

一九八六年に立宗。一九九一年に宗教法人格を取得。信仰の対象は、地球系霊団の最高大霊、主エル・カンターレ。世界百カ国以上の国々に信者を持ち、全人類救済という尊い使命のもと、信者は、「愛」と「悟り」と「ユートピア建設」の教えの実践、伝道に励んでいます。

（二〇一四年四月現在）

愛

幸福の科学の「愛」とは、与える愛です。これは、仏教の慈悲《じひ》や布施《ふせ》の精神と同じことです。信者は、仏法真理をお伝えすることを通して、多くの方に幸福な人生を送っていただくための活動に励んでいます。

悟り

「悟り」とは、自らが仏の子であることを知るということです。教学《きょうがく》や精神統一によって心を磨き、智慧《ちえ》を得て悩みを解決すると共に、天使・菩薩《ぼさつ》の境地を目指し、より多くの人を救える力を身につけていきます。

ユートピア建設

私たち人間は、地上に理想世界を建設するという尊い使命を持って生まれてきています。社会の悪を押しとどめ、善を推し進めるために、信者はさまざまな活動に積極的に参加しています。

国内外の世界で貧困や災害、心の病で苦しんでいる人々に対しては、現地メンバーや支援団体と連携して、物心両面にわたり、あらゆる手段で手を差し伸べています。

年間約３万人の自殺者を減らすため、全国各地で街頭キャンペーンを展開しています。

公式サイト www.withyou-hs.net

ヘレン・ケラーを理想として活動する、ハンディキャップを持つ方とボランティアの会です。視聴覚障害者、肢体不自由な方々に仏法真理を学んでいただくための、さまざまなサポートをしています。

公式サイト www.helen-hs.net

INFORMATION

お近くの精舎・支部・拠点など、お問い合わせは、こちらまで！

幸福の科学サービスセンター

TEL. 03-5793-1727 (受付時間 火～金:10～20時／土・日:10～18時)

宗教法人 幸福の科学 公式サイト happy-science.jp

教育

学校法人
幸福の科学学園

学校法人 幸福の科学学園は、幸福の科学の教育理念のもとにつくられた教育機関です。人間にとって最も大切な宗教教育の導入を通じて精神性を高めながら、ユートピア建設に貢献する人材輩出を目指しています。

幸福の科学学園

中学校・高等学校（那須本校）
2010年4月開校・栃木県那須郡（男女共学・全寮制）
TEL 0287-75-7777
公式サイト happy-science.ac.jp

関西中学校・高等学校（関西校）
2013年4月開校・滋賀県大津市（男女共学・寮及び通学）
TEL 077-573-7774
公式サイト kansai.happy-science.ac.jp

幸福の科学大学（仮称・設置認可申請中）
2015年開学予定
TEL 03-6277-7248（幸福の科学 大学準備室）
公式サイト university.happy-science.jp

仏法真理塾「サクセスNo.1」 TEL 03-5750-0747（東京本校）
小・中・高校生が、信仰教育を基礎にしながら、「勉強も『心の修行』」と考えて学んでいます。

不登校児支援スクール「ネバー・マインド」 TEL 03-5750-1741
心の面からのアプローチを重視して、不登校の子供たちを支援しています。
また、障害児支援の**「ユー・アー・エンゼル!」**運動も行っています。

エンゼルプランV TEL 03-5750-0757
幼少時からの心の教育を大切にして、信仰をベースにした幼児教育を行っています。

シニア・プラン21 TEL 03-6384-0778
希望に満ちた生涯現役人生のために、年齢を問わず、多くの方が学んでいます。

NPO
活動支援

学校からのいじめ追放を目指し、さまざまな社会提言をしています。また、各地でのシンポジウムや学校への啓発ポスター掲示等に取り組むNPO「いじめから子供を守ろう！ネットワーク」を支援しています。

公式サイト mamoro.org
相談窓口 TEL.03-5719-2170
ブログ mamoro.blog86.fc2.com

政治

幸福実現党

内《ない》憂《ゆう》外《がい》患《かん》の国難に立ち向かうべく、二〇〇九年五月に幸福実現党を立党しました。創立者である大川隆法党総裁の精神的指導のもと、宗教だけでは解決できない問題に取り組み、幸福を具体化するための力になっています。

党員の機関紙
「幸福実現NEWS」

TEL 03-6441-0754
公式サイト hr-party.jp

出版メディア事業

幸福の科学出版

大川隆法総裁の仏法真理の書を中心に、ビジネス、自己啓発、小説など、さまざまなジャンルの書籍・雑誌を出版しています。他にも、映画事業、文学・学術発展のための振興事業、テレビ・ラジオ番組の提供など、幸福の科学文化を広げる事業を行っています。

アー・ユー・ハッピー？
are-you-happy.com

ザ・リバティ
the-liberty.com

幸福の科学出版
TEL 03-5573-7700
公式サイト irhpress.co.jp

THE FACT

ザ・ファクト
マスコミが報道しない
「事実」を世界に伝える
ネット・オピニオン番組

Youtubeにて
随時好評配信中！

ザ・ファクト　検索

入会のご案内

あなたも、幸福の科学に集い、ほんとうの幸福を見つけてみませんか？

幸福の科学では、大川隆法総裁が説く仏法真理をもとに、
「どうすれば幸福になれるのか、また、
他の人を幸福にできるのか」を学び、実践しています。

入会

大川隆法総裁の教えを信じ、学ぼうとする方なら、どなたでも入会できます。入会された方には、『入会版「正心法語」』が授与されます。（入会の奉納は1,000円目安です）

ネットでも**入会**
できます。詳しくは、
下記URLへ。
happy-science.jp/joinus

三帰《さんき》誓願《せいがん》

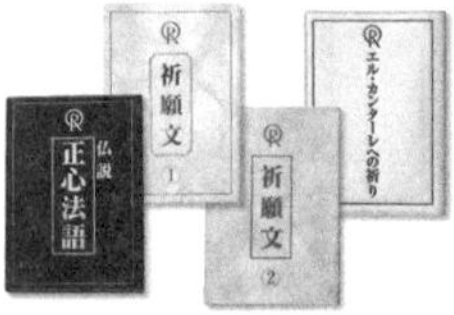

仏弟子としてさらに信仰を深めたい方は、仏・法・僧の三宝への帰依を誓う「三帰誓願式」を受けることができます。三帰誓願者には、『仏説・正心法語』『祈願文①』『祈願文②』『エル・カンターレへの祈り』が授与されます。

植福《しょくふく》の会

植福は、ユートピア建設のために、自分の富を差し出す尊い布施の行為です。布施の機会として、毎月1口1,000円からお申込みいただける、「植福の会」がございます。

「植福の会」に参加された方のうちご希望の方には、幸福の科学の小冊子（毎月1回）をお送りいたします。
詳しくは、下記の電話番号までお問い合わせください。

月刊
「幸福の科学」

ザ・伝道

ヤング・ブッダ

ヘルメス・
エンゼルズ

INFORMATION

幸福の科学サービスセンター
TEL. 03-5793-1727（受付時間 火〜金：10〜20時／土・日：10〜18時）
宗教法人 幸福の科学 公式サイト **happy-science.jp**